跨文化背景下对外汉语教育教学研究

江淑青　著

北京工业大学出版社

图书在版编目（CIP）数据

跨文化背景下对外汉语教育教学研究 / 江淑青著
. —北京 ：北京工业大学出版社，（2025.10重印）
ISBN 978-7-5639-7210-4

Ⅰ．①跨… Ⅱ．①江… Ⅲ．①汉语－对外汉语教学－
教学研究 Ⅳ．① H195.3

中国版本图书馆 CIP 数据核字（2019）第 262251 号

跨文化背景下对外汉语教育教学研究

著　　者：江淑青
责任编辑：邓梅菡
封面设计：点墨轩阁
出版发行：北京工业大学出版社
（北京市朝阳区平乐园 100 号　邮编：100124）
010-67391722（传真）　bgdcbs@sina.com
经销单位：全国各地新华书店
承印单位：三河市元兴印务有限公司
开　　本：787 毫米 ×1092 毫米　1/16
印　　张：13.75
字　　数：275 千字
版　　次：2021 年 10 月第 1 版
印　　次：2025 年10月第 4 次印刷
标准书号：ISBN 978-7-5639-7210-4
定　　价：52.00 元

前言

当今社会，随着中国国际地位的提高和中国经济的飞速发展，在各个领域，中国同世界各国的交往越来越多。世界上学习汉语的人数也在逐年增加。据不完全统计，世界上超过一亿人正在进行系统的汉语学习，国家汉办外派的教师数量正在逐年增加，而来华留学生人数也在逐年上涨。但是世界各国文化或多或少都有一些差异，因此，正确地进行跨文化交际在对外汉语教学中占有十分重要的地位。无论是外派汉语教师在国外进行的汉语教学，还是针对来华留学生进行的汉语教学，成功、得体的跨文化交际都会对教学结果产生积极的影响，反之，错误的跨文化交际很可能导致对外汉语教学的失败。本书主要从对外汉语教学方面，结合笔者本人在对外汉语教学中碰到的一些问题和案例，对对外汉语教学中的跨文化交际进行论述，并针对对外汉语教学中的跨文化交际问题给出建议。

跨文化交际，简单来说，就是具有不同文化背景的人进行交际的过程。大到国家与国家间的外交活动，小到日常生活中的与外国人的交流都属于跨文化交际。其中最主要的就是跨文化语言交际，此外还有体态语、客体语等多种跨文化非语言交际。跨文化交际也体现在很多方面，比如社会交往、对外汉语教学等诸多方面。而这些跨文化交际主要受两方面因素影响。

首先是受本土文化的影响。受本土文化的影响，许多人会产生文化的思维定式。例如，在中国，宴请更注重饭菜的质量，饭菜质量越高，所用食材越宝贵，越体现主人对所宴请客人的尊重，中国的宴请至少要上七八道菜，宴请的规模越大，饭菜数量越多，而且饭菜数量一般要超过主人和客人实际消耗的量。而在西方，宴请对饭菜的要求一般不高，一般一道汤、一道主菜、一道沙拉、一道甜品就可以招待客人了。所以在中国，一些西方人觉得中国人过于热情甚至有些浪费；而在西方，中国人往往觉得西方人菜品不多且单一，待客不够热情。

其次是受刻板印象的影响。在一个人充分了解一个国家的文化之前，会产生对这个国家文化的刻板印象。比如，我们总是觉得德国人是严谨的、苛刻的；美国人是自由、民主、过于开放的；日本人是极度整洁又非常守时的。这些刻板印象都会影响我们的跨文化交际。笔者曾问过欧美国家的学生一个问题：在真正来中国生活之前，你们印象中的中国是什么样子的？大部分学生的回答是，他们印象中的中国还停留在20世纪 90 年代的样子，和英美等发达国家相比差距非常大。贫穷、落后、封建、保守，这是他们心中中国的样子。这些学生生长在资本主义国家，对社会主义中国缺乏了解、认识，这是他们对中国的刻板印象。他们来到中国之后发现中国比他们想象得发达、先进、开放、文明得多。而这些刻板印象都会影响跨文化交际的顺利进行。

笔者在撰写本书的过程中参考和引用了相关文献，在此向涉及的作者表示衷心的感谢。另外，由于时间仓促，加之笔者水平有限，书中难免存在一些不足之处，敬请广大读者批评指正。

目录

第一章　对外汉语教学理论研究

第一节　对外汉语教学改革研究

从 1980 年代开始，对外汉语教学在整个世界飞速发展起来，许多高校都开始出现了对外汉语专业。近些年来多所高校开始招收以实践为主的汉语国际教育专业型硕士研究生。笔者分析了对外汉语教学课程中存在的一些问题，并结合自身教学实践探讨了对外汉语教学课程的教学改革方向。

在中国在世界上的影响力越来越大的今天，全世界都掀起了一股学汉语的潮流，国内各大高校都开展了对外汉语专业，每年都在扩大招生规模。但是目前在对外汉语的课程教学中，许多课程需要创新教学理念，除了要与中文系课程体系相结合起来，还要与中国传统文化相结合，全面树立汉语文化教学理念，引导学习者建立相关理论知识，这就对专业课程的教学改革提出了很高的要求。

一、对外汉语教学的现状

当前对外汉语教学已经成了一门独立的学科，也是应用语言学中一个重要的分支。对外汉语教学不仅具有一定的理论深度，而且具有较强的应用性。目前很多高校的课程教学中，由于受诸多方面的制约，并不能使这门课程的教学质量达到最优化。对外汉语教学是一门应用性的学科，其理论性非常强。作为一门具有一定理论深度的课程，其本身具有无聊性和深奥性，单是一味地讲授会让学生产生学习疲劳，并出现一些抵触情绪。

二、对外汉语教学中存在的问题

（一）课堂教学乏味

语言类课程容易让人感到乏味无趣，在课堂上缺乏活跃性，教师的教学方式和技巧正面临着莫大的挑战。由于文化差异，师生间的互动交流并不多，课堂上缺乏笑料，这门课程教学变得枯燥乏味。学生们也缺少探索精神，对汉语学习的追求并不高，仅仅是配合教师完成知识点的复习，重复揣摩，并不能感受到汉语言的博大精深和乐趣。

（二）教师数量和质量的制约

目前国外汉语教学飞速发展，学习汉语言的人也越来越多，许多地方的汉语言教师严重缺乏，师生比例严重失调，教师人数不容乐观。对外汉语教师的队伍需要得到扩充，这也是目前汉语言教学发展中的一大瓶颈。加之教师水平也参差不齐，直接影响了汉语言教学的质量，对外汉语教师的质量不高在对外汉语教育中也有着很大的制约。

（三）国内外的学校对对外汉语教学认知不足

就目前对外汉语教学的发展情况来看，许多学校并没有将这门课程重视起来，仅仅是把这门课程当成一个增加本校经济利益的工具，对于这门课程的重要程度没有足够的认识，支持力度不大。大多数的学校里，对外汉语教学工作的领导和教师，不注重学科理论建设，在基础设施和师资力量建设方面走进了一个误区。

三、对外汉语教学的改革措施

（一）营造更好的课堂氛围

教师应当多运用自己的教学技巧，在上课时引入一些幽默风趣的话题，使学生能更好地投入学习中来。而学生也应当充分利用上课的机会与教师沟通交流，及时发现错误并改正，课下多练习。教师和学生都要全心全意地投入课程学习中去，有问必答，营造良好的语言学习氛围。

（二）加强教师队伍的建设

重视对外汉语教学的师资力量培养。在数量上，一方面要重视国内高校对此专业的招生，制定吸引学生的教育政策，让更多的优秀毕业生参与进来，另一方面，要加强后备人才的培养，培养适应时代发展、切合国际需求的优秀教学人才。在质量上，当前的形势下要对教师的教学方式进行训练，加强对教师知识和能力的培训，提高教学质量，改进课堂教学模式。

（三）加强对对外汉语教学的认识

汉语言作为本国的母语，在外交和文化交流方面有着重要的作用。开展对外汉语教学，提高对这门学科的认识，加强推广工作，国家需要出台相关政策，对其大力支持。学校也应该对本校的这门学科给予重视，认识到对外汉语教学的意义，其不仅能为学校带来经济效益，还能展现民族文化，使其国际化、多元化。

随着我国不断发展、走向世界，汉语也在国际化。对外汉语教学不仅是简单的一门学科，它还能提高汉语学习者的水平，对提升我国的国际影响力有重要的作用，因此，对对外汉语教育进行改革刻不容缓。

第二节 会话含义与对外汉语教学

会话含义广泛存在于人类的日常生活之中。对于汉语学习者而言，跨文化交际中的会话含义既是他们学习的重点又是学习的难点。本节简要概述会话含义理论，并尝试分析在对外汉语教学中会话含义推导的作用以及重要性，希望以此唤起广大对外汉语工作者对会话含义推导与对外汉语教学之间的关联性的充分重视与探索。

言语交际是一种基本的人与人之间的交际方式，它与人们的日常生活息息相关，大量的信息都是依赖着言语交际行为来传递的。但是在实际的交际中，具体的语言运用是非常复杂的，在很多时候真正想要传递的信息与意图并不能仅仅从字面或是言语本身获取，而是需要人们去推导这些言语的言外之意。这样的言语字面表达的是一种意思，而实际想要表达的又是另外一种意思，这种潜藏于言语之中又游离于字面之外的意思就是会话含义。对外汉语教学的终极目标是要让汉语学习者掌握使用汉语进行交际的能力，而真实的交际往往无法避免会话含义的产生，所以汉语学习者应该重视并且学习会话含义的推导，从而能够更准确而全面地掌握和使用汉语。

一、会话含义理论简述

格莱斯在《逻辑和会话》这篇论文里引入了“含义”的概念。含义是一个“说出”的暗示、提示或意会。格莱斯区分了规约含义和非规约含义。规约含义是由话语的规约意义决定的，借助前提和逻辑知识就可以导出。非规约含义是由语境知识，包括说话人的身份、说话的时间、场合等几个方面共同决定的。格莱斯将非规约含义称为“会话含义”。

格莱斯认为，言语交际的成功是谈话双方共同努力的结果。正常情况下会话交流都是由一串连贯的话语组成的，每个参与者互相配合，具有共同的目标和愿望，或至少具有相互认可的谈话方向。这种目标或方向可能在谈话一开始就被明确，或者是在交谈过程中逐渐产生的。总之，言语交际的成功在于交谈者遵照了一些规则，达成了某种默契。这些规则和这种默契被格莱斯称为“合作原则”。合作原则包括了四条具体准则：质准则、量准则、关系准则和方式准则。其中，前三条准则都与交谈中“说什么”有关，而最后一条准则与交谈中“如何说”有关。

但是，这些准则只是约定俗成的规约，并不是严格的语言规则，也不是完全不能违背的。事实上，在实际的交际中，人们正是因为某些原因而违反其准则，这样才产生了会话含义。格莱斯总结过常见的违反准则的几种情况：①说话人可能暗中故意地违背了一个准则；②说话人可能对执行准则和合作原则表示放弃；③说话人可能面临着一种冲突；④说话人可能嘲弄一条准则。一般来说，第 4 种违反准则的情况会产生会话含义。会话含义的产生和推导依据下面的这些因素：①与话语有关的上下文背景；②合作原则及其准则；③语词的约定意义及其指称对象；④其他背景知识；⑤参与交谈者都具备上述四方面的知识。此外，格莱斯认为，依据这些因素可以推导出的会话含义具有五个特征：①可取消性；②不可分离性；③可推导性；④非规约性；⑤不确定性。

二、会话含义理论在对外汉语教学中的具体运用

会话含义理论从提出至今经历了多次的修补与完善，已成为具有广泛解释力的语用学理论，而会话含义理论也对语言学科的自身建设以及语言教学有着相当大的启发与指引的作用。对外汉语教学作为一门第二语言教学的分支学科可以并且应当合理运用会话含义理论，同时作为目的语的汉语又是一种极具内涵与底蕴的语言，因此在对外汉语教学过程中必定要重视会话含义理论，而会话含义理论的运用也对对外汉语教学中的诸多教学内容有着重要作用。

（一）词语释义

汉语的词汇非常丰富，而经历了数千年的历史文化传承，大量的词语难以单一、固定地释义，需要结合具体的语言环境来推导，词语的使用显得灵活而复杂。学习者能否准确获得词语的真正含义十分重要，因为词语是一种最基本的语言单位，如果学习者不能准确理解词语，就很容易对语句、段落乃至篇章产生误解。

1. 词语的感情色彩

汉语的词汇从感情色彩的角度大致可以分为褒义词、贬义词和中性词三类，但是具体的每一个词语并不全都能固定地划分到相对应的类属，很多词语的感情色彩需要结合具体的语境加以理解。例如：①自信，通常用作褒义，常用来描述和形容一个人的良好心理状态和精神面貌。但在有的时候，也用“自信”一词来讽刺一些人的过度自信或是不认真的态度，如“期末考试你都不复习，你也太自信了吧”。在该语句中，“自信”一词实际上表达的是对受话者考试不复习的行为的嘲讽，这是贬义的；②骄傲，通常用作贬义，常用来批判和劝诫人们不谦虚或不踏实的行为。但在有的时候，

也用“骄傲”一词来表达人们的一种自豪感和荣誉感，如“作为一个中国人，我感到很骄傲”。在该语句中，“骄傲”一词实际上表达的是说话者对于自己中国人身份的强烈认同感和自豪感，这是褒义的；③东西，通常情况下是一个中性词，用来指代客观物体或是方向。但在有的时候，也用“东西”一词来形容品行不端的人，如“你做了这么多伤天害理的事，真是个‘狗东西’”。在该语句中，“狗东西”一词是对受话者的讽刺和谩骂，表达了说话者的愤怒与谴责。

2. 词语的跨文化理解

有一部分词语在不同的文化背景之下有着不同的内涵和感情色彩，汉语中的一些词语所特有的含义与其他国家的不尽相同，汉语学习者需要加以区分。例如：①龙，在中国文化中它是尊贵、吉祥、权力以及神圣的象征，很多带“龙”的词语都是褒义的、赞许的，如“人中之龙”“龙腾虎跃”“龙马精神”等。但是在西方，龙是邪恶与灾难的象征，会给人不好的联想；②狗，在传统的中国文化中它是低贱的意思，很多带“狗”的词语都是贬义的，常常是用来骂人的，如“狗仗人势”“狗急跳墙”“猪狗不如”等。但是在西方，狗是友好的、忠诚的，是人类的好朋友，会带给人美好的想象。

3. 汉语特有的谦辞与敬语

中华民族是一个含蓄而内敛的民族，为人谦逊和尊敬他人都是传统的美德，所以汉语中存在着一部分独特的谦辞和敬语。①谦辞，表示谦虚或谦恭的言辞，说话者以自己的谦恭来表达对受话者的尊重，如“鄙人”“寒舍”“贱内”等；②敬语，指对受话者表示尊敬的语言，如“您”“劳驾”“恭候”等。

因此，在对外汉语教学中合理运用会话含义理论，紧密结合语境进行推导，是汉语学习者准确理解词语的重要手段。

（二）文学作品阅读

中国文化博大精深、源远流长，无论是古代的诗词歌赋、传奇小说，还是现代的诗歌、散文、小说，无数的文人墨客都乐于在自己的作品中巧妙营造出“言外之意”的艺术效果，而这种“言外之意”就需要结合具体语境去解读。汉语学习者为了更精深地学习汉语，或者是为了更全面地了解中国文化，少不了要阅读一些文学作品，而这些文学作品中的“言外之意”现象就需要汉语学习者去仔细推导和解读。例如：①唐代诗人杜牧在《泊秦淮》中写道“商女不知亡国恨，隔江犹唱后庭花”。诗句中的《后庭花》是一首歌曲名，相传是南朝陈后主所作的《玉树后庭花》，此曲被后世称为“亡国之音”。在这里诗人引用了这个典故，目的是借陈后主因荒淫享乐招致亡国大祸的历史来讽刺晚唐那些依旧醉生梦死的统治者。如果汉语学习者不了解晚唐时期的社会状况，不知道《后庭花》的典故，就很难理解诗人引用《后庭花》的真实意图，也就感受不到诗人渴望抒发的强烈情感。②鲁迅在散文集《野草》中的《狗的驳诘》一文中写道：“我”在巷子里走着，狗叫了起来。“我”叱咤道“呔，你这势利的狗！”“嘻嘻”他笑了，还接着说“不敢，愧不如人呢”。这看起来是一个非常荒诞的故事，狗怎么会说话？狗为什么要说“愧不如人”？这些都很难让汉语学习者理解。实际上作者写狗反过来说自己的势利比不上人，其言外之意是要讽刺当时的社会黑暗以及人人皆势利的丑恶嘴脸。如果汉语学习者不了解当时中国的社会状况，对外汉语教师不给予学习者一定的引导与联想，学习者很难完全领会作者的思想与情感。

（三）日常交际

学习者学习汉语的目标是掌握用汉语进行交际的能力，而实际的日常交际比起文字作品来说更加依赖于语境，如果交际双方的身份、地位、情感、文化背景、交际目的等因素不尽相同，那么在交际过程中更容易产生会话含义，也就需要交际者对会话含义进行合理推导才能够理解对方的话语真实含义以致交际顺利进行。在对外汉语教学中通常会设置对汉语学习者进行口语训练的口语课，但是在现行的教学中大多对外汉语教师还是会依据本教材为主要的训练内容，尽管口语教材在选取话题方面尽可能与现实生活接轨，力求呈现真实的语言素材，但是以书面语形式所呈现的语料比较严谨而正统，缺乏灵活生动的特性，难以产生会话含义，与真实的日常交际出入较大，不利于汉语学习者真正融入目的语。

因此，对外汉语教学中教师在使用教材的同时也应该将日常生活中的真实语料（报纸、杂志、新闻、广告等）引入课堂，使汉语学习者可以在课堂上接收到更丰富多样、灵活生动的目的语输入。同时，教师应该鼓励汉语学习者在日常生活中多与各式各样的中国人进行交际，让汉语学习者能够学习和掌握真实的汉语交际。

通过上文的论述，我们可以知道在日常生活中会话含义是广泛存在的，而对外汉语教学大多是在跨文化背景下进行的，汉语作品或是汉语交际中的会话含义对于汉语学习者来说既是重点也是难点。同时，会话含义理论作为一种具有广泛解释力的语用学理论，它可以给对外汉语教学带来诸多启示，合理运用会话含义理论将会给对外汉语教学带来更蓬勃的生命力，这也是对外汉语教学相关工作者、教育者可以探索的一个新方向。

第三节　对比分析法与对外汉语教学

对比分析是为了预测学习者在第二语言习得中的难点，预防学习者的偏误，从而提高对外汉语教学的效率，其对二语习得研究产生了重要影响。对比分析为对外汉语教学提供了新的教学思路和渠道，作为对外汉语研究中的很重要的一种研究方式和教学方法，其有助于揭示对外汉语教学的特点和规律。在对外汉语语音、词汇、语法等方面的教学中，采用对比分析的方法，有助于汉语作为第二语言的教学和解决学生交际中出现的不得体问题。

“对比分析是将两种语言的系统进行共时比较，以揭示其相同点和不同点的一种语言分析方法，自从有了不同的语言接触，可以说就有了语言对比。语言对比最早是用来进行语言的研究的。”“要认识汉语的特点就要与非汉语比较。无论语音、词汇、语法，都可以通过比较来研究。”对外汉语教学中使用对比分析，可以将对比分析的研究方法和成果直接或间接地应用于教学实践，理论实践相结合，可以更好地促进对外汉语教学。

一、通过对比分析认识对外汉语教学

“对外汉语教学是对外国人进行的汉语作为第二语言的教学，它首先是一种语言教学，其根本任务就是教好语言。其次，对外汉语教学是第二语言教学，这就必须与第一语言教学区别开来。对外汉语教学既有与其他语言教学共同的特点，又有其独特的规律和特点。”将汉语与二语学习者的母语或第一语言进行比较，找出它们的相似点和差异，预测第二语言习得的难点和易产生的错误，以便在教学中采用强化手段突出这些难点和重点，克服母语的干扰以更好地学习第二语言；同时也明确汉语作为第二语言教学的特点。

（一）第一语言教学与第二语言教学对比

1. 教学目的

语言是一种交际工具，是用来传递信息、交流思想和表达感情的，无论是第一语言教学还是作为第二语言教学的对外汉语教学，其目的都是培养学习者掌握汉语的基础知识和基本技能，掌握运用语言进行交际的能力和基本的汉文化知识。

2. 教学内容

语言教学的目的是培养学习者的语言交际能力，这一教学目的决定了教学内容。第一语言教学和第二语言教学都涉及语音、词汇、语法等要素和听说读写的言语技能，语用规则、话语规则和交际策略的言语交际技能以及相关的文化知识。

对外汉语教学还需要根据学习者的水平、学习特征和学习需求来安排教授的语言功能、语言形式、教学方式和教学内容。此外，对外汉语教学还要考虑到学习者母语的负迁移，通过对比两种语言结构的异同来预测语言习得的难点和易产生的错误，以便在教学中采用强化手段突出这些难点和重点，逐渐克服和消除母语的干扰，以更好地学习汉语。

3. 教学原则方法

根据瑞士语言学家索绪尔对语言和言语的区分这一语言学理论，在对外汉语教学中，应当注意言语和语言的关系、言语层次教学和语言层次教学的统一，还要正确处理语言与文化的关系。在教学方法上，要着重引导学生掌握并灵活运用语言规则。“应根据精讲多练、深入浅出、由浅入深和分散难点的原则来安排教学内容；根据不同的言语技能要求采用不同的训练方法，以技能训练为中心，将语言知识转化为技能，操练模仿是要帮助学习者归纳、掌握语言的生成规则，达到能在各种情况下运用自如的目的。”

4. 教学效果

“相对于语言习得，语言学习用时较少，效果也不确定，学习者可能掌握了一定的语言能力，但不一定能获得语言交际能力。”相对于第一语言教学，汉语作为第二语言教学也给对外汉语教师以更大的挑战和考验，语言教学要注重语言的运用和在情境中教学，让学习者真正地去感受语言的使用，以期达到更好的学习效果。

（二）汉语作为第二语言教学的特点

汉语是世界上最古老、最发达的语言之一，具有自身独特的魅力。汉语自身的特点在对外汉语教学中也产生了重要的影响。对于学习者来说，正确认识汉语的特点，对增强学习的动力和信心非常重要，这有利于对外汉语教学顺利地开展。

1. 对外汉语教学不同于第一语言教学

“汉语最大的特点是没有严格意义上的形态变化，在很多情况下，汉语只要把词按照一定的顺序排列就行，无须添加任何成分，这是汉语教学和学习的有利条件。”但是，汉语是有声调的语言，靠语序和虚词来表达语法关系，词类具有多功能性；“把”字句、“被”字句等特殊句式等，都是很多语言中没有的，这些是学习的难点，也是对外汉语教学的重点。

2. 对外汉语教学遵循听说读写的全面要求、分阶段侧重原则

初级阶段突出听说或者听说适当地领先，特别是强调听力理解；对于大多数使用拼音文字的学习者来说，汉字是一套完全陌生的书写符号系统，难认、难记、难写。基于汉字认写这一特殊问题，汉语教学从一开始就不能放松。中级阶段听说读写并重。高级阶段侧重读写，但听说训练仍不要放松。在学习、接触、练习中学习并掌握汉字，由字组词，词与词组成段落，循序渐进，理解并掌握汉语。

3. 对外汉语教学中要把语言知识的讲解与语意和语用教学相结合

语言交际一般都是以话语形式进行的，这需要掌握一定的话语规则。第二语言教学的目的是让学习者掌握语言并进行交际，这就需要对外汉语教师在教学过程中进行正确的指导。语言知识的讲解还要体现它所承载的文化知识，让学习者掌握交际技能和交际策略，学好知识也要掌握技能。

二、运用对比分析进行对外汉语课堂教学

第一语言教学和对外汉语教学活动主要是在课堂上进行的，通过对比学习者的母语和汉语的异同来预测第二语言学习的重点和难点，以便对外汉语教师在课堂教学中采用强化手段突出重点和难点，克服母语的干扰以更好地掌握汉语。

（一）语音方面

对外汉语教学中，学习者最先接触并学习的是目的语的语音知识，如国际音标和音位。汉语语音系统中，元音音位和辅音音位都有其独特的特点。以汉语和英语对比为例，汉语的塞音和塞擦音有送气和不送气之分，没有清浊的对立；而英语中塞音和塞擦音有清浊的对立，没有送气和不送气之分。这就要求对外汉语教师通过母语与目的语的对比来分析教学的难点和重点，如，“以日语为母语的学习者经常把舌尖后音 zh、ch、sh、r 发成舌面音 j、q、x，对外汉语教师可运用对比听辨和带音法来讲授”。

（二）词汇方面

汉语词汇的结构方式以词根复合法为主，由大多数本身就能够独立成词的单音节语素结合而成，词义与语素义有关，也便于记忆。词汇教学也可以结合句子教学，把词放在句子中能更好地理解词的语境义和引申义，以便教师在教学中采用积极而有效的教学策略辅助教学，以帮助学习者更好地学习和掌握汉语。

（三）汉语交际方面

语言是用来交际和思维的工具，是用来传递信息、表达感情和交流思想的。语言对比不仅有形式上的对比，还有语言功能上的对比，对比分析也可应用于语言功能教学实践中。言语技能和言语交际技能作为对外汉语教学的内容，要求学习者掌握适当得体的语言进行交际，在不同的交际场合，针对不同的交际对象，根据不同的交际目的对语言的内容、形式和应对方式进行准确的选择，让学习者学会“说话”。

三、对比分析存在的局限性与对外汉语教学对策

拉多（Lado）提出的对比研究为对外汉语教学提供了新的教学思路和方法，以促进更好的目的语的学习和掌握。但是，对比分析也存在着一定的局限性，忽略了两种语言不同语言系统的不同语言范畴的比较，忽略了学习者的主动意识和自主能动性。对比分析强调母语在第二语言学习中的影响，尤其是母语的负迁移的影响，认为母语的负迁移是造成第二语言习得产生偏误的主要原因。

在汉语作为第二语言教学的对外汉语教学中，教师可以适当地采用对比分析来预测在教学过程中可能会出现的教学难点和重点，但对外汉语教师更要因地制宜，根据教学大纲的要求，学生的学习需求、学习特征和学习动机来安排教学内容，突出教学重点，分散难点，以期达到预设的教学效果，使学习者掌握并能够准确运用汉语进行交际。

本节主要运用对比分析认识对外汉语教学，并对第一语言教学和汉语作为第二语言的教学进行了对比。在对外汉语教学中采用对比分析有助于教学，但要根据具体情况而且有所侧重地进行对比，以期达到更好的学习效果，帮助第二语言学习理解并掌握汉语，学会汉语基础知识，准确而恰当地运用汉语进行交际。

第四节　对外汉语教学中的文化意识

随着经济全球化的深入，各种国际交流活动越来越频繁，高校作为文化交往的前沿阵地在对外交流中发挥着重要的作用。对外汉语教学在当前已经变成了高校教学中的重要内容，我们必须结合最新发展趋势不断提升对外汉语教学水平。笔者结合当前高校对外汉语教学的现状，在考虑对外汉语教学意义的基础上提出了几点有效策略。

高校是我们文化建设的主战场，在高校的教学中，对外汉语教学是一个重要的组成部分，对外汉语教学不仅是一门语言的艺术，还包括很多深层次的文化层面的要求，关注对外汉语教学就要注重对学生文化意识的培养，帮助学生树立一个正确的文化态度和文化价值观念，为学生更好地步入社会做好充分的准备。

一、对外汉语教学中的文化意识缺失问题

随着国际形势的发展，各个高校越来越注重对外汉语教学，当前高校的对外汉语教学中文化意识缺失主要表现在以下几点：第一，学习的内容与实际使用的能力脱节，当前高校的对外汉语教学主要面对的是留学生，很多留学生反映所学习的知识并不能很好地应用于实际生活中，存在理论与实际不挂钩的问题。第二，对于文化意识的传播缺乏相应的重视。当前高校的对外汉语教学主要的精力还是放在对汉语言文字的学习上，对于深层次的文化内涵的东西并没有引起足够的重视。我们进行对外汉语教学应该是一个系统全面的体系，除了汉语言文字还要对学生进行文化意识的灌输。第三，对外汉语的教学手段相对比较单一。对外汉语教学形式应该更加丰富，当前高校的对外汉语教学主要还是教师讲解、学生学习的方式，缺乏有效的沟通以及实际锻炼应用的机会，学生的学习容易画地为牢。高校对外汉语教学中存在的这些问题，我们要高

度重视并且积极采取措施应对。

二、对外汉语教学中文化意识培养的意义

在高校的对外汉语教学中我们培养学生的文化意识具有重大的意义。首先，文化意识的培养有助于学生更好地理解中国的文化，从而加强对汉语语言文字应用的能力。很多留学生在学习汉语言的过程中，如果不能做到对我们的文化有一定的了解，那么是很难学习好汉语的，文化意识是我们打开汉语言之门的钥匙。其次，文化意识的培养可以丰富我们的对外汉语教学内容，我们进行对外汉语教学除了要传递汉语言文字的艺术与魅力以外，中国文化本身也是重要的传播内容，文化与语言是有着千丝万缕联系的两个方面，我们不能人为割裂开来。教师必须处理好这二者之间的关系。最后，文化意识的培养有利于提升我们对外汉语的教学水平。对外汉语教学本身就是一个与社会变迁发展、与文化发展进步紧密相连的学科，我们在对外汉语教学中有意识地融入文化意识的教学，可以为学生的学习营造良好的氛围，让学生各方面的理解更加深刻到位，让学生更多地感受到汉语言以及中国文化的魅力，从而有效地提升对外汉语教学的水平。

三、对外汉语教学中的文化意识提升策略

（一）加强对高校对外汉语教师文化意识的培养

在高校的对外汉语教学中，我们首先需要做的就是要加强教师的文化意识，只有教师的文化意识提升了，其在教学的过程中才可以把文化的理念与内涵融入平常的教学中来。具体来说，作为高校的对外汉语教师，我们除了要掌握扎实的汉语言基本功，还要对祖国的文化特别是优秀的传统文化做到心中有数，我们要不断学习和接触我们国家优秀的传统文化，在教学的过程中，把我们的优秀文化传播出去，让本国的学生感到骄傲自豪，让世界的学生更加深刻地了解中国、走近中国。其在教学的过程中可以结合当前最新的形势政策巧妙地传播祖国的优秀文化，如我们在普及汉语艺术的过程中可以结合“一带一路”的倡议，为学生讲解中国自古以来的传统邦交关系，让学生对于中国热情好客、睦邻友好、团结共荣的文化意识有一个更加深刻的认识。教师必须不断地提升自己的文化素养才能成为传播中华文化的使者，其要不断地加强学习，掌握最新的大政方针政策，在具备基本的汉语教学能力的同时还要成为中国的文化通。可以通过定期组织培训以及走进当地博物馆、文化馆、科技馆的实践形式来加强教师对于文化的感知，从而使其在教学的过程中更好地传播中国文化。

（二）注重提升高校学生的跨国文化素养

在高校对外汉语教学中我们要提升学生的文化意识需要从学生的跨国文化素养入手。当前，越来越密切的国际交往要求我们必须具备跨国文化素养，要懂得如何面对开放的文化格局。对外汉语教学具有自身学科的特性，我们面对的学生既要熟悉本国的语言文化还要懂得其他国家的语言文化，这样才可以成为双方沟通交流的桥梁，这就要求学生必须具备跨国文化素养。具体来说，我们要树立正确的文化观，我们热爱自己国家的语言文化，但是同时也要尊重他国的语言文化，正是因为各国不同的语言文化才构成了丰富多彩的世界，我们要引导学生运用开放的眼光与格局来面对世界，高校学生是祖国的未来与希望，我们要注重培养学生正确的文化态度，既不能夜郎自大也不可妄自菲薄，在对外汉语的教学过程中我们要展现中华优秀文化的底蕴，这也是高校教学中培养学生文化意识的重要方面。

（三）丰富对外汉语教学的方式

在高校的对外汉语教学中，我们要增强学生的文化意识就必须注重授课形式的丰富性。我们的教学要坚持传统与现代相结合的方式。具体来说，对于汉语言文字等一些基本知识的教学来说，我们还是应该按照比较基本的教学方式也就是教师讲解的形式来进行，因为这样可以高效地保证学生消化吸收，但是对于更为深刻的文化内涵的培养，我们就必须丰富教学形式。对于大学生来说，他们已经具备了足够的理解能力，我们可以带领学生走进当地的博物馆来感受当地的文化底蕴，从而走进深邃的中华文明宝库。同时，为了增加学生的文化意识，我们还可以在授课的过程中给学生推荐一些优秀的文化类科普节目。比如，《博物馆奇妙夜》《我在故宫修文物》《国家宝藏》，等等，这些形式是大学生乐于接受的，在观看的过程中学生自然而然受到了文化的熏陶。在条件允许的情况下我们还可以创造机会，让学生可以实际体验中华文化，我们可以为学生申请成为一些对外活动的志愿者，让学生可以亲身走进会场，向外国友人传播我们的中华文化，让更多的人了解中华文明，在讲解的过程中学生的文化意识自然而然会得到提升。这些丰富多样的教学形式，都可以成为我们对外汉语教学的手段。

在高校对外汉语教学的过程中，我们一定要高度重视对学生文化意识的培养，我们要结合当前教学现状，努力克服困难，有针对性地加强对学生文化意识的熏陶。在教学的过程中适当地融入传统文化的精髓，让学生通过学习，产生民族自豪感与文化认同感，作为文化的使者，把我们国家优秀的文化传播出去，让我们的文化在世界更加闪耀夺目。

第五节　对外汉语教学中的语法教学

近年来，随着经济全球化的进一步发展，我国与其他国家的文化交流以及经济交流日益频繁，孔子学院、对外汉语教学项目逐渐受到大家的关注和认可。对外汉语教学也成了宣传中国传统文化以及汉语的重要载体之一。在对外汉语教学过程中，因为汉语与其他国家的母语存在较大的差异，在教学过程中就可能面临着语法教学的困难。从 20 世纪 50 年代开始，就已经有学者对对外汉语教学的语法教学进行了研究分析，随着时代的进步，对外汉语教学中的语法教学在教学过程中逐渐获得了新的突破和发展。文中将结合对外汉语教学过程中的语法教学困境，分析其解决策略，促进我国对外汉语教学的发展和进步。

汉语曾被认为是世界上最难学的语言之一，在对外汉语教学过程中，很多外国学生都颇为头疼。对外汉语教学包括语音教学、文字教学、词汇教学、语法教学以及文化教学，通过侧重点不同的汉语教学可以帮助外国学生了解中国文化，提高汉语交际能力。在这五类教学内容中，语法教学有着重要地位。本书将结合对外汉语教学的重要性以及发展过程中的困境，探究提高对外汉语教学中语法教学效率的策略和方法。

一、语法教学在对外汉语教学中的重要地位

我们在英语学习过程中，通过语法的学习可以了解到句子的构成，通过对句子成分的划分，可以掌握句意，从而了解文章大意。对外汉语教学也是同样的道理，语法教学在其中占据着重要的地位，其对于汉语学习者理解汉语的意思具有重要影响。

在对外汉语教学中，不可忽视的是，对汉语学习者而言，汉语通常是第二甚至是第三语言，其在学习汉语之前就已经形成了母语的语法思维，就像我们在学习英语之前脑海中是汉语的语法思维。汉语与汉语学习者母语之间的语法差异常常会导致汉语学习者在学习汉语的过程中因为语序等问题而无法准确表达内心想法，严重影响了汉语学习者的表达能力。

通过对外汉语教学的语法教学，可以帮助汉语学习者通过系统的练习，体会汉语与其母语之间的语法差异，帮助其总结汉语表达习惯以及表达技巧，提高其汉语表达能力。例如，英语中，定语可以放在单词的前面也可以以定语从句的形式放在句子的后面。但是在汉语中，定语只能放在名词前面。语法教学在对外汉语教学中有着不可替代的重要地位。

二、对外汉语教学中语法教学的困境

（一）过分注重语法知识的学习，忽视了其实际应用的训练

在对外汉语教学过程中，普遍存在过分注重语法知识的学习的情况，在课堂上一遍又一遍地讲授语法知识，例如，“这是名词，名词要放在句子开头”等。在对外汉语教学中只是一遍又一遍地强化练习诸如“我吃饭了”“我在奶奶家吃饭了”“我吃了红烧鱼”这一类的句式，却不懂得引导学生结合具体语境以及环境进行汉语练习。上述情况导致在对外汉语教学中，语法练习缺乏相应的实际应用的训练，极易造成“哑巴汉语”的情况。

（二）一味地强调汉语语法学习，忽视了与其母语的结合

在对外汉语教学过程中，以英语国家的汉语教学为例，汉语语法与英语语法有许多相通的地方，如“主谓宾”的句子结构。在语法教学过程中，教师忽视了这些相通的地方，只是一味地强调“这是主语，要放在谓语后面”，下面学生可能就会思考“什么是主语？”，忽视了对句子结构本身的关注。这种教学模式严重影响了语法教学的效率，使得对外汉语教学的教学效果大打折扣。

三、对外汉语教学中语法教学的改进策略

（一）坚持对外汉语教学中语法教学的几大原则

在对外汉语教学中，应该坚持以下几大语法教学原则：

1. 实用性原则

在语法教学中，可以针对不同基础的学生设计不同的语法教学策略，提高汉语教学的实用性，使得汉语学习者在日常生活中可以时常用到我们所教授的语法知识，提高汉语学习的学习兴趣。

2. 精简性原则

汉语语法有时是比较抽象的，在汉语语法教学中，就可以借助图表的方式或者多媒体信息技术，比较直观精简地开展教学，帮助汉语学习者学习汉语语法。以连动句的教学为例，我们可以解释为一个句子有两个动词，尽可能地精简教学方式。

3. 易学原则

易学原则是指在对外汉语语法教学过程中，首先应结合汉语学习者的母语，从汉语中与母语相近的内容入手，消除汉语学习者的“畏难”心理。其次，在语法课程进度安排上，应根据汉语学习者的学习能力做适当安排，放慢学习进度，避免学生因为

跟不上课程进度而对汉语学习的信心下降。

（二）开展任务型教学，强调情景教学在对外汉语语法教学中的重要性

上文中提到，对外汉语教学中的语法教学通常存在过分强调语法的使用方法的问题。为此，在语法教学过程中，应积极开展任务型教学，并在课程教学中创设相应的情境，提高汉语学习者的汉语实际应用能力。

在语法教学中，可以创设“商店购物”的情景，要求汉语学习者进行一对一的对话练习。

消费者：这支钢笔多少钱?

商家：10元。

消费者：可以便宜点吗?

商家：不可以。

通过任务型教学与情景教学的结合，可以帮助汉语学习者加强汉语口语练习，在实际应用过程中，提高其对汉语语法的理解以及应用能力。

（三）鼓励学生运用归纳法整理汉语学习过程中发生的语法错误

在对外汉语教学过程中，鼓励汉语学习者将自己的语法错误进行归纳整理。通过有针对性的汉语语法教学，可以有效改正其在汉语应用过程中的语法错误，提高其汉语交际能力，提高汉语学习者的语法应用能力。

第六节　对外汉语教学中的熟语教学

熟语是语言在长期发展过程中逐渐形成的、为人们所熟悉的、一般不能任意改变其结构的定型词组或句子，它包括成语、谚语、歇后语、惯用语等。由于语言是文化的载体，汉语中承载着大量的文化因素，因此在进行对外汉语教学时引入熟语的教学以提高外国留学生的汉语交际能力是很有必要的。文章从对外汉语教学的角度重新审视熟语，分析了熟语教学在对外教学中的地位，并提出了对外汉语熟语教学的教学建议。

熟语在文学作品以及日常生活中的使用频率是很高的，它活泼、形象、有趣，富有表现力。各民族语言中都有丰富的熟语，从某种意义上说，熟语可谓是一种语言中最精髓、最生动，也是最具特色的部分。能够正确掌握和运用熟语才是真正学会了这门语言，因此，在对外汉语教学中引入熟语教学，对提高外国留学生的汉语水平和汉语交际能力很有帮助。

一、熟语的定义

所谓熟语，就是指加工提取过了的语言形式，它们是固定的说法。它们虽然长短不一，内容不同，所适用的范围也不同，但是它们都是人们在长期惯用中渐渐固定下来的，每一个熟语都表达了一个特定的意思，往往不能望文生义。在结构上它们都有自己的特点，不能随意更改。武占坤先生说："熟语是言语经过艺术加工的预制的语言建筑材料，它不是寻常的砖瓦木，而是现成的画栋雕梁，金门玉户，恰当地运用它，会使语言流金溢彩，文章格外增光。"黄伯荣、廖旭东在《现代汉语》中指出："熟语是人们常用的定型化了的固定短语，是一种特殊的词汇单位。"由于熟语的性质和作用相当于词，人们如同运用词一样，把它算作一个语言单位来用，因而，它们是词汇研究的对象，属于一般词汇。学术界关于熟语的定义存在着不完全相同的认识，但基本上都大同小异。笔者认为熟语就是汉语词汇中固定词组或短语的总称，是人们长期使用固化了的一种词汇。

二、熟语的特点

（一）结构上的稳定性

熟语具有固定的结构，不能随意改变。如"碰钉子"，不能说成"碰螺丝"，"明日黄花"不能改成"昨日黄花"；然而熟语的固定性却没有像成语那样稳固，在熟语上还可以自由地加减改动一些字或词，如"碰了一鼻子灰"也可以说成"蹭了一鼻子灰"。

（二）意义上的整体性

熟语本身的意义是特定的，因此，在学习的过程中绝不可以单单从表面的意思去理解，更加不能望文生义。如"吃不了兜着走"，我们在学习的时候就不能仅仅从字面上解释为"吃不完的东西可以兜起来带走回去吃"。更要把熟语本身所包含的内在含义理解到位。

（三）熟语比一般词语有更深刻的文化内涵

熟语是几千年来中国文化的积淀，蕴含着中华民族的智慧。一般来说，它的意义不仅仅是简单的字面意义，理解和使用与其深层文化因素的制约是分不开的。因此，对不同文化背景下长大的外国留学生来说，存在着比较大的困难。伍铁平先生说过："历史文化传统越久的语言，精通起来越困难，因为其中的成语、典故较之历史文化传统短浅的语言要丰富得多。"

三、熟语教学及对外汉语熟语教学

（一）熟语教学

熟语教学首先是以熟语为主要教学内容的教学，因此，笔者认为在教的过程中要注意几个方面：首先，教师应注意并掌握熟语的语义内容；其次，教师应掌握熟语的语法结构，准确辨别成语的构成；最后，教师应该熟悉习语所使用的语用环境，并准确使用习语的语境。

（二）对外汉语熟语教学

汉语作为第二语言的教学不仅是一门语言教学，也更是一种外语教学。对外汉语教学是一种将习语作为外国学生学习的词汇的教学活动，目的也是让外国留学生能够正确掌握和运用汉语，提高汉语水平和汉语交际能力。因此，在教学中，我们不仅要关注习语的发音、语义和语用，还要学习教学实践。

四、对外汉语教学中成语教学的意义

外国人对中文发音、词汇、语法和汉字的理解是有限的，中文与他们的母语完全不同。这给留学生的学习带来了很大的困难，也给对外汉语教学带来了巨大的挑战。通常随着学习者学习的深入，他们接触到的词汇也在增多，相应地接触到的熟语也会越来越多、越来越复杂。成语经常被编写和使用，其中大多数与中国历史文化密切相关；成语、歇后语和谚语更诙谐、生动和形象。这些可以激发外国学生的学习兴趣。在汉语水平和语法水平大纲中必须掌握的固定短语也包括习语，这就要求我们不得不在对外汉语教学中加强熟语教学。

成语的教学在对外汉语教学中起着至关重要的作用。因为成语具有不同的文化内涵，因此在教授成语的过程中也在不断地传授中国文化，同时也增强了跨文化交际能力的培养。

（一）有助于提高学生的理解和沟通技巧

外国学生是否具有较强的理解能力和沟通能力，主要取决于他们掌握的词汇。在第二语言习得过程中，如果语言词汇不能及时掌握，或者单词的意思不能正确理解，学生的沟通技巧和写作技巧将受到限制。尽管成语中的熟语在写作方面用得比较多，但在生活中成语也是很受欢迎的。如果能正确理解和使用成语，将有助于提高学生的汉语表达能力。此外，成语、歇后语和谚语都非常口语化，如果能正确地使用它们，可以使学生的理解能力得到很大的提高，从而提高学生的交际能力。

只有解决成语问题才能确保沟通正常化。熟语中蕴含了多方面、多层次的中华文化，不熟悉中国文化将直接影响到汉语的学习。所以，外国学生可以通过学习熟语来提高自己的交际能力。

（二）有助于提高学生学习汉语的兴趣，加深他们对中国文化的理解

成语虽然为书面语，但成语也包含许多历史典故，也可以从当地习俗中看出。惯用语、歇后语和谚语是口语化的生活语言。成语教学也有利于促进汉语作为外语的词汇教学。语言和文化相辅相成。通过对文化的深入理解，也可以促进语言的使用。学习汉语将对汉语成语有更深入的了解，也将促进对汉文化的理解。作为词汇的一部分，成语带有文化，成语教学也是文化的教学，语言和文化是相互联系的，语言习得是加深文化理解的重要途径。因此，对外汉语教学中的习语教学可以激发学生学习汉语的兴趣，加深其对中国文化的理解。习语教学也成为传播中国文化的有力工具。

五、对外汉语教学中熟语教学的建议

（一）提高熟语教学意识，加强熟语教学

为了更好、更快地推动成语教学，中国教师必须加强对成语教学的理解。首先，应该提高成语意识，加强对习语的学习。其次，对外汉语教师应在自己的实际教学过程中注重习语的教学，积极寻找和探索有效的成语教学方法。最后，提醒外国学生注意习语的教学，不要刻意回避；使用某些学习策略来增加外国学生学习习语的兴趣，让他们积极学习。

（二）结合语境进行熟语教学

首先，充分发挥课堂教学的作用，在课堂上充分创造语境，让学生积极参与句子练习，并进行交际训练。其次，利用课外实践活动，将成语教学融入实践中，使学生在实践中进行成语交际训练。最后，充分利用社会语言环境，鼓励学生在社会中实际使用成语，增加学生自然获得的机会。

（三）对熟语分层分级，循序渐进教学

赵清永对成语教学的层次分层提出了一个非常科学的概念。他考虑了成语分割的四个方面：

①将其在日常生活中的使用情况进行分类，并根据使用频率进行分类。

②成语的分级应考虑到所用词语的中文水平。

③由于学生年龄不同，存在易于理解和难以理解的差异。当我们在课本中引入成语时，应该考虑学生理解的难易程度。

④有些习语因其所借喻的东西历史悠久，或历史故事和名言含有丰富的文化因素和深刻的思想而容易在理解上造成障碍。

我们必须根据它们的难度将它们分为 2 级、3 级和 4 级。这些考虑是非常必要的。最明显的，可以从字面上理解的习语，如“爱面子”，就是要顾及面子，“帮倒忙”就是想要去帮忙，然而却增添了麻烦，对于这种习语，留学生通常可以从字面上理解。

（四）文化渗透型的熟语教学

大多数汉语成语与中国历史和文学作品有关，与中国文化密切相关。例如“拍马屁、随大流、拖后腿”等词，如果不讲清楚内在的含义和结合语境进行解释，留学生就很难理解整个词语的运用。在对外汉语教学中，必须注意文化的渗透，并向学生解释具有历史文化的习语。例如，在讲“悬梁刺股”时，单纯从字面意思是无法解释清楚的，需要把成语的来源讲给学生，成语悬梁刺股由两个故事组成：悬梁的故事发生在楚国一位名叫孙敬的贤士身上，他到洛阳求学，为了勤于学习，担心睡眠困扰，因而把头发绑住悬于梁上，如果读书困倦，眼睛一合上，头低下来，那悬在梁上的头发一拉，必定痛得醒过来，最后他苦读有成。刺股的故事发生在战国苏秦身上。他在鬼谷子那儿学合纵连横之术，学成之后到秦国游说，但却不被采用。旅费用完了只好回家，父母大骂了他一顿，妻子也不理他，他很羞愧难过，于是发愤苦读。读累了打瞌睡，就拿一把锥子在腿上戳，把睡意赶跑，又继续苦读。后来他终于成了一位大名鼎鼎的政治家。悬梁刺股的意思是只要付出时间和精力，就会有收获。最后，还应该把成语的比喻义教授给学生，这样学生不仅了解到熟语的来源，还很好地理解了比喻义，就能更好地在实际生活交际中运用。

随着我国对外汉语教育事业的蓬勃发展，熟语教学也越来越受到重视，作为民族语言和文化的瑰宝，汉语成语是中国魅力的集中体现。熟语的学习有助于外国留学生汉语水平的提高，同时也能使他们对中国文化有更深入的理解。语言教学是传播文化和培养国际学生跨文化交际能力的重要手段。要充分认识对外汉语教学中成语教学的现状，积极开展对对外汉语教学的研究。充分发挥理论的实践价值，将其应用于教学实践，提高对外汉语教学水平。总结教学方法，提高对外汉语教师的水平，逐步提高学生的汉语和沟通能力。

第七节 地方文化融入对外汉语教学研究

通过开发地方特色文化课程，开展形式多样的实践教学，将徽州文化融入就读于黄山学院的来华留学生对外汉语教学，能够激发留学生学习兴趣，提高跨文化适应能力，也有利于徽州文化的对外传播。

我国高校都普遍重视教授语音、词汇、语法等基础语言知识，而在中华文化、中国国情等方面的教育教学相对薄弱。高校应充分发掘地方文化优势，发挥地方文化的积极作用，将优秀传统地方文化导入留学生教育教学中，丰富来华留学生的文化体验感，增强来华留学生的文化认同感，有助于来华留学生提高文化交流能力，更好更快地实现跨文化适应。

一、语言教学与文化教学

关于语言和文化的关系，语言学家陆俭明在《汉语和汉语研究十五讲》中指出："如果我们要认识语言，可以从三个方面来研究：一是语言的功用，二是语言的本体，三是语言的表现形式。"郑化淑由此分析得出："语言就是人类借以思维和互相交际的一个音义结合体的符号系统，是一个变动的音义结合的结构系统，在这个系统里，语音、词汇和语法被看作语言的三大要素。我们也可以这么看待语言，当它作用于人与人的关系的时候，它是表达互相反应的中介；当它作用于人和客观世界的关系的时候，它是认识事物的工具；当它作用于文化的时候，它是文化信息的载体和容器。"语言与文化的关系是紧密相连、密不可分的，文化对于语言的影响，体现在语言使用者的思维方式、表达习惯等多方面。

赵金铭在《汉语作为第二语言教学：理念与模式》中指出，汉语作为第二语言教学的终极目标，是培养学习者在现实生活中自由运用汉语进行交际的能力，而且要在最短的时间内取得最佳的学习效果，因此关注与培养与综合语言运用能力相关的各种因素不仅是十分必要的，而且应该引起我们的高度重视。语言教学与文化教学是浑然一体的。文化教学既是指文化作为一门独立课程的教学，又指在其他学科、课程的教学过程中融入文化因素。语言教学的内容是由语言要素和文化知识要素共同组成的。在语言教学中，传授表层外显的物质文化难度不大，但传授深层内在的精神文化则存在一定的难度。因为民族精神深藏于民族文化的深层内部，需要细心挖掘与体会。为了了解和掌握不同模式的文化，需要根据相应的教学原则和教学内容来采取不同的教学方法。在语言教学的过程中融入文化教学，能提高教学质量，更好地实现教学目的。

二、黄山学院对外汉语教学中的文化教学

黄山学院位于安徽省黄山市，拥有世界自然遗产与文化遗产，有"五岳归来不看山，黄山归来不看岳"一说。黄山市是生态大市，地区内分布众多国家重点保护动植物。同时，黄山市又以底蕴深厚、内涵丰富的徽州文化而闻名。徽州文化是指古徽州"一

府六县”（徽州府，歙县、黟县、休宁县、祁门县、绩溪县及婺源县）的徽州人所创造的精神和物质文化的总称。徽州文化涉及新安理学、徽州宗族、徽州村落、徽州艺术、徽派建筑、徽州文书、新安画派等领域，这些具有浓厚地方文化色彩的徽州文化，是中华优秀传统文化的集中体现。

黄山学院地处徽州文化的核心区域，学校高度重视传承创新徽州文化，将其贯穿育人全过程，并在《黄山学院“十三五”发展规划》中将“强化文化意识，注重徽州文化的传承、创新与发展，增强大学文化厚度，构建宣传思想政治教育大格局”列为学校发展理念之一，在《黄山学院地方应用型高水平大学建设方案》中将文化传承创新、开展徽州文化资料挖掘与整理、致力徽州文化精神的弘扬与传承等列入学校建设基础部分。

黄山学院自 2006 年招收来华留学生以来，2015 年，培养出第一位获得学士学位的来华留学生。2014 年，成立国际教育学院，负责培养来华留学生的招生、签证、汉语教学及日常管理等工作，与文学院、经济管理学院等学院合作负责留学生的专业培养工作。

三、徽州文化融入对外汉语教学

在留学生初级阶段的汉语教学中，有必要着重于语音、词汇、语法等听说读写方面的语言技能训练，但对于已具备一定汉语基础知识和基本技能的中高级阶段留学生教学来说，应在课程设置中加入文化课程，使得留学生的语言技能提升与文化知识习得共同进步。在留学生汉语教学中，黄山学院编写并使用具有地方文化特色的语言类校本教材，开发地方文化体验项目，面向中高级阶段来华留学生，增加地方文化知识课程的开设比重。

（一）开发地方文化特色课程

发挥地域优势，开发校本教材。国际教育学院组织对外汉语教师、非物质文化遗产研究中心教师等人员，利用校内外可利用资源，以提高学生学习兴趣、促使学生发展为目的，整合徽州文化所涉及领域知识，分别编写适合不同阶段来华留学生的语言类教材。考虑到来华留学生需要系统学习汉语知识的现实需求，校本教材的开发应以提高来华留学生的实际交际能力为目的与重心，着重开发提升语言实际使用技能的听力课、口语课、文化课教材。每节课以课文为中心，分为生词、课文、练习、拓展、作业等内容。课文采用对话形式，分别以“校园”“旅游”“民俗”“宗祠”“村落”“建筑”等为主题。面向中高级阶段来华留学生的校本教材，拓展部分可适当增加对徽州地方文化知识的详细阐述。

使用校本教材，设置校本课程。校本课程的设置，应结合国家课程、专业课程的设置需要，同时应遵循教学规律，考虑来华留学生的学习需求，结合学生的汉语水平和学习实际。零基础或初级阶段的来华留学生，虽汉语基础较弱，但通常表现出浓厚的学习兴趣。此学习阶段的来华留学生，不适宜对其教授难度过高的地方文化知识，以防止出现“文化休克”现象。中高级阶段的来华留学生，已经掌握了一定的汉语语言基础知识，此时可适当提高徽州地方文化校本课程的设置比重，将地域文化课程纳入教学计划。鼓励学生根据专业背景及个人兴趣，参与到学校其他二级学院开设的徽州文化类课程中，如“国学与人生”“徽州文学专题”“安徽非物质文化遗产专题”“茶文化专题”等。

（二）实行以生为主的翻转课堂式教学

翻转课堂式教学能够提升徽州文化课程的教学质量。翻转课堂教学模式不同于传统教学模式，特点是“先学后教”，教师在课前发布教学资源，学生在课后进行自我学习，完成学习任务，又将学习成果和发现的问题带到课堂，教师则起引导、指示和答疑解惑的作用。在具体教学过程中，如教授学生了解徽州著名村落，教师可以利用图片、视频等形式，预设话题，布置任务，学生课后进行自学，准备资料，上课时学生发言，互相交流讨论，教师进行总结，再进行深入系统的语言及文化知识学习。又如，引导学生比较徽州宗祠文化与留学生所属国家的教堂文化的异同，鼓励学生积极发言交流。

（三）开展形式丰富多样的实践教学

组织留学生体验徽墨、徽砚、宣纸、徽雕等地方文化体验项目。结合地方传统节日或民俗活动，开发具有徽州文化特色的留学生文化体验项目，例如，徽州地区有祭祀汪华的庙会等，近年来更是不乏纪念汪华的民俗活动，如“黎阳仗鼓”“游太阳”“抬汪公”等。在进行留学生地方文化教学的过程中，可以引入与此相关的徽州地区历史、文化等方面知识，使留学生能主动参与到民俗活动中。

组织留学生参观徽州地区的传统民居、古村落等，在实地考察参观的过程中，感受徽州文化中重儒重教、注重礼仪等传统，帮助留学生进行体验式学习。组织留学生参与到徽州文化调研或比赛中，如建筑工程学院的古建筑考察、团委举办的大学生徽州文化故事秀等。与安徽非物质文化遗产研究中心合作，引导留学生体会徽州地区非物质文化遗产技艺，了解徽州文化相关知识，直观感受徽州传统艺术。安徽非物质文化遗产研究中心成立于 2009 年 5 月 25 日，是安徽省教育厅人文社会科学重点研究基地，中心自成立以来已通过开展讲座、举办科普展等多种形式，宣传、传承与创新徽州地区优秀传统文化。我们与该中心合作开展留学生地方文化教学活动，组织留学生参与到中心组织的相关活动中。

文化作为语言的载体，学习语言所属文化知识同学习语音、词汇、语法一样，具有重要的意义。来华留学生了解中华文化，应从了解就读院校所属的地方文化开始。黄山学院国际教育学院以徽州文化为依托，探索在对外汉语教学中提高文化的交流能力的措施，收到了较好的教学效果。

第八节　学习策略分析与对外汉语教学

学习策略是第二语言习得研究的一个重要课题，也是第二语言学习者能成功习得目的语的学习方法。笔者着重通过对学生的学习策略的分析，反馈于教学实践，让教师能够采取更加有效的教学方法来展开教学活动。

一、学习策略与偏误分析

刘珣教师是这样定义学习策略的：“学习策略是语言学习者为有效地掌握语言规则系统，发展言语技能和语言交际技能，解决学习过程中所遇到的问题而采取的各种计划、途径、步骤、方法、技巧和调节措施。”学习策略是每一位学生在学习时都会运用到的一种学习方法，可能自己并没有意识到，其实在自己的潜意识里，在学习的过程中就开始慢慢形成，可能是成功习得某一语言的学习策略，当然，也可能会产生无效的，甚至适得其反的学习效果，因而，找到并培养适合自己的学习策略对自己今后的学习至关重要。

在第二语言的习得过程中，学生会产生各种偏误，学习策略的运用便是偏误产生的来源之一，对学生学习策略的分析研究，能够让我们了解到学生偏误产生的缘由，从而对症下药，更能达到“药到病除”的效果。刘珣教师认为，造成第二语言学习者产生语言偏误的学习策略主要有迁移、过度泛化和简化。迁移主要是指第二语言学习者受到母语的影响而产生的语际偏误，比如母语为英语的学习者，在表达有情态动词的否定句时，常常把否定词放在情态动词之后，说成“你应该不那样做”，因为在英语的语法规则中，否定词就是放在情态动词之后，所以，把这一语法规则也应用到汉语的学习中，从而产生偏误。过度泛化是一种语内偏误，是学习者把目的语规则过度使用，把其适用范围扩大而导致的偏误，比如在汉语中存在着丰富的量词，量词的词语搭配都是有其固定范围的，但往往有很多外国留学生在量词的使用上会有过度泛化现象的产生，把经常用的一些量词，如“个”“张”“只”等，和不能与之相匹配的名词搭配，出现“一只牛”的语言表达错误。简化是指学习者在语言表达上，尽量把复杂的句子简单化，“把”字句是一个特殊句式，很多把汉语作为第二语言学习的学习者不会用这种句式，本想表达“我把门打开了”，却会直接简缩成“我开门了”。

了解学生的学习策略，有利于教师了解到学生在学习第二语言时所产生的偏误原因，引导学生对自己的学习策略有一个正确的认识。

二、学习策略的分类与教学启发

对于学习策略的分类问题，众多学者意见不一，分类的标准不同，结果自然不同。江新利用牛津的学习策略量表进行了科学的测量统计分析，得出的结论是，留学生在汉语学习过程中，最常用的学习策略是社交策略、元认知策略、补偿策略，其次是认知策略，最不常用的策略就是记忆策略和情感策略。这一结论不能完全肯定，但是有一定的可信性。刘珣教师把学习策略大体上分成两类：一种是认知策略，另一种就是元认知策略。针对不同的语言学习要素，其学习策略还有不同的分类，在本节中，主要论述的是认知策略、元认知策略和社会情感策略对汉语教学的启发。

刘珣把认知策略概括成五个方面：求解、推理、实践、记忆和监控。求解是学生根据自己已有的知识和上下文情境猜测出答案，通过教师的讲解后证实自己的猜测。接下来是推理阶段，在这儿最容易产生偏误，学生在这一阶段容易出现将规则内化的偏误，甚至是过度泛化，在这个阶段，教师应有意识地把新知与以往学的类似的知识点放在一起对比讲解，加深学生对两者不同之处的印象，引起学生的注意。比如，在语音教学阶段，进行“zhi、chi、shi”的教学时，把“zi、ci、si”这一组语音拿出来，进行两者之间的比较，莫要让学生混淆了这两组音的读法。在课堂上，注意讲练相结合，讲解完一个知识点后，随之进行相应的操练活动，可以是简单的问答，也可以是小组扮演，这是在课堂上的操练；在课后，要让学生在真实情景中完成语言知识点的习得，比如学习自我介绍时，可以让他们在课后，找不认识的中国朋友进行互相介绍，这不仅能让留学生找到更多的中国朋友，还能让他们掌握语言点的运用。记忆是在语言学习过程中的重要学习策略之一，任何一种语言学习都离不开记忆，在这一过程中，学生和教师两者都要进行有效配合，教师在课堂上需要通过各种方法来引起学生注意，提醒学生哪些知识点要有意识记，并提高学生在课堂上的无意识记能力。比如有意识记的内容，教师可以板书出来，或让学生在课本上画横线或是标上着重号，对重要的知识点和单词进行反复讲解，吸引学生的注意力；对无意识记的内容，教师可以在课堂上进行情境练习，可以采用任务法、游戏法、团体合作法使得课堂气氛活跃，让学生在轻松的情景中习得语言知识。监控就是学习者对自己输出的话语进行检查，在这一阶段，教师就应该培养学生多想再说的学习方法，进行话前监控，提高语言输出的准确率，教师在课堂上提问时，应给学生足够的时间去想这个问题，然后再回答，回答不正确时，就需要教师进行适当的引导，让学生自己发现错误，培养出话后监控的能力。

元认知策略是学习者通过计划、监控和评估等方式对自己的认知过程进行反思和研究，元认知包括计划、监控、评估和调节四个方面。计划好比学习者的预习阶段，对应达到的目标进行事先了解，在课堂教学中，教师在布置课后练习时，应提前告知学生预习下一篇课文，可以大概讲讲这篇课文的学习目标，让学生在预习的时候能够不走偏方向，这有利于提高他们的预习效果。监控就是学习者对自己学习的检查，在听说读写上，都会不断地进行监控，这对学习者的理解能力和表达能力会有帮助。评估就是学习者对自己的学习结果进行自我检查和评估，看看是否达到自己所预定的学习效果和目标，教师在这一方面应该起到引导作用，教授学生如何对自己的学习结果进行评估，从哪些方面进行评估，不要专门从某一方面去进行评价，否则很容易挫伤学生的学习积极性。一个总体全面的评价量表，能够让学生充分认识到自己的优点和不足，采取正确的引导方式，能提高他们的学习动力，在这一过程中，让学生一起参与讨论，这样能够使评估内容更加全面和实际，更能帮助学生进行一个正确的学习结果评估。调节就是学生根据评估的结果，进行学习策略的改变并不断提高自己的过程，对自己掌握不足之处进行巩固复习，适合自己的学习策略要不断保持，至于不适合自己的学习策略就要进行改变。不是每种好的学习策略都适合自己，可能别人很受用，但是自己可能就不适合这种学习方式，这在教学实践中，教师就要有意识地提醒学生，要注意找到一种适合自己的学习策略，并且要对自己所采用的学习策略有一个正确的认识，不要盲目跟从。

社会情感策略是指在学习的过程中，社会情感因素会影响学生的学习方法。社会情感策略包括三个方面：寻求帮助策略、与同学合作记忆、社交。寻求帮助策略中教师起着重要的作用，教师要注意引导方式，所谓“授之以鱼，不如授之以渔”，所以，教师主要还是扮演引导者的角色。与同学合作记忆强调团体学习的重要性，在课堂上，不要仅仅是简单的问答式操练活动，团体学习很重要，一个小组内部，同学之间会相互影响，教师这时候要注意引导小组内部以优带劣，提高小组整体的学习水平。社交是一种很有效的学习策略，学生通过对话的形式，或是其他的社会交往方式，能够把新学的知识运用到实践中，在实践中巩固新知，体现语言知识的实用性。所以，在布置课后作业时，教师可以布置更多的交际性的作业，激发学生做作业的兴趣。

三、培养学习策略的途径

学生的学习策略并不是一开始就有的，他们也是通过各种途径，有意识或无意识地培养出来的，可能是受教师的影响，也可能是受其他因素影响形成学习策略。适合学生自己的学习策略需要学生自己有意识地训练培养，也需要教师的正确引导，因此，学生可以通过以下几种途径培养出适合自己的学习策略。

首先，教师的正确指导。这需要教师了解学生的学习方式、个性特征、受教育的经验、年龄、动机水平等学习特征，在此基础上，教师才能正确指导学生培养学习策略。教师要通过指导，使学生提高策略意识。可以通过让学生回答调查问卷、记学习笔记或是开展小组活动等方式，提高学生的学习策略意识。随后，进行策略训练，实践并巩固学习策略。

其次，学生自己的归纳整理。学生在学习目的语的过程中，会遇到很多的难点，但他们会自己总结规律，掌握学习方法，从而提高学习效率，他们要学会自我监控，时时监控和评价自己的学习行为。比如，在词汇学习上，有些学生会通过记录试卷上的生词来扩大自己的生词量，这不仅能学到新的生词，还能掌握它在上下文中的用法，提高自己的语言水平。不仅是在词汇方面，在语音、语法或是汉字方面，学生都可以找出适合自己的学习方法，提高自己的语言水平。

最后，学校可以举办相关的研讨会或是专题讲座，专门为学生培养出更有效的学习策略提供相关咨询或是建议。让学习者了解更多能有效提高学习效率的不同途径，并促使学生通过不断尝试新的学习策略，找到适合自己的学习策略。只有不断地尝试，才能知道哪一种是最好、最适合自己的。

若是学校和教师不断对学习策略进行有效性的研究，通过系统的培训方式将有效的学习策略教给学习者，使他们根据自己的学习特征和性格特征选取适合自己的学习策略，提高他们的学习策略意识，培养他们在学习过程中自我监控和评价的能力，将会大大提高他们的学习效率。

第九节　网络语言文化与对外汉语教学

随着社会科技的快速发展，互联网的出现彻底改变了人们的生活习惯。互联网的快速发展也衍生了大量的网络语言，也在不断地改变人们的沟通与语言使用方式。网络语言作为新时代的新式语言同样也反映了中国当下的社会文化。语言教育者应该了解网络语言的文化内涵，并深入探究网络词汇的构词特点与教学方法，从而更好地传播中国语言与中国文化。

一、网络语言的定义

网络语言是指与网络有关和在互联网上流通的语言，是网民们为了适应网上交际需要而创造和使用的语言。随着信息时代的发展与变化，在网络中出现了大量的新型词汇，越来越多的人也加入了对网络新词的研究当中，因此现在常说的网络语言主要是指在网络中经常使用到的一些新词。

二、网络语言的文化特点与内涵

语言的变化和发展与社会的发展和进步紧密相连。随着互联网的发展，网络语言应运而生。它是信息时代发展催生的产物，也是科技进步与文化进步的产物，网络新词语的不断扩大与创新也意味着这种语言具有不同于传统汉语的文化特点与内涵。

（一）网络语言的创新性

网络语言有着很强的创造性。在网络中人们可以摆脱语言规范的束缚，发挥自己的想象力，创造出各种各样的新型词语或表达方式。一方面，网络语言的创新性体现为内容上的创新，有些词来自某个网民的言语创新，更多的词来源于人们对社会中焦点事件的探讨，如 2016 年的流行语“套路”“吃瓜群众”“小目标”等。另一方面，网络语言的创新性还体现为形式上的创新，比如火星文、文字表情包等，也都在凸显着这个时代开放包容的文化个性。

（二）网络语言的时效性

网络语言有着很强的时效性。随着互联网普及速度的加快，网络流行语也在成万倍增长。很多新创词汇都是源于一些焦点事件，当事件被新的信息所代替的时候，之前流行语也会被时代所淘汰。如“犀利哥”“我爸是李刚”等。网络语言的不断更新也反映了当代人们年轻的心态，他们勇于、乐于创新并且敢于接受所有的新鲜事物，创造出属于他们的文化与时代。

（三）网络语言的简洁性

当代社会是追求效率和快节奏的时代，网络社会更是凸显快捷、便利的特点。为了提高工作的效率、加快生活交流的节奏，人们希望用最简单的话语来进行信息沟通，如使用汉语拼音（gg，mm）、英文字母与数字的缩写（u2，btw）、数字谐音（88，521）来加快信息的传递。

（四）网络语言的幽默性

幽默给人们带来轻松愉悦的感受。在当今快节奏的社会，由于网络的自由性与开放性，人们需要在网上缓解压力，所以轻松趣味的语言成了网络语言的主旋律。例如使用方言谐音（偶、酱紫）、生僻字（囧、槑）、表情包文字等，将语言娱乐化、轻松化，缓解了大众的心理压力。

三、网络语言词汇在对外汉语教学中的研究

“一带一路”倡议的推行与发展，促进了国家间文化的传播与发展，汉语在国际上的影响力越来越大，对外汉语的教学与研究也显得尤为重要。随着信息技术以及“互联网 +”的高速发展，越来越多的网络词汇已经融入了人们的生活和交流当中。国家主席在近几年的新年致辞中分别使用了“蛮拼的”“点赞”“世界那么大”等网络新词汇，也进一步证明了网络语言的重要地位，所以网络新词汇的教学对于留学生学习对外汉语是具有重要意义的。因此，首先需要了解网络词汇的构成，挑选适合留学生学习的词汇。

（一）网络词汇的构成研究

（1）谐音音译。谐音是通过发音相同的字词代替原有的词，达到强化效果的目的。在网络词汇中有很多这样的词汇，根据书写形式可以将其分为三类：汉字谐音词、数字谐音词和字母混合谐音词。在汉语谐音词中，其主要借用了普通话、方言和外来语读音来进行谐音，如“偶稀饭”（我喜欢）、“血拼”（shopping，购物）等。数字谐音主要如“7878”（去吧去吧）、“521”（我爱你）等。字母混合谐音如“3Q”（谢谢）、“+U”（加油）等。

（2）缩略语。由于网语具有简洁性，为了进行高效便捷的沟通交流，网络缩略语得到了人们的广泛支持。在网上经常使用的缩略语包括英文缩略语、字母数字混合缩略语和汉语缩略语。汉语缩略语又分为两种：一种是将每个字汉语拼音的首字母组合，形成汉语缩略语；另一种是近几年在网络中流行的四字缩句，如“喜大普奔、累觉不爱”等。

（3）旧词新义和旧词新用。网语的发展促使很多现代汉语原有的词汇产生了新的意思或新的用法。旧词新义的词语主要是增加了一个词的引申义和比喻义，如菜鸟、青蛙、土豪等，此外还有一些不常用的古代汉字也被赋予了新的含义，如槑、囧等。旧词新用主要是指一些词汇增加了新的语法功能或新的用法。例如，“宝宝”一词原意是指刚出生的小孩子，但是如今在网络中通常用来指代“我”。同样的词汇如“雷、汗、呵呵”等。

（4）新造词语。除了借用外文词语或旧词新用以外，网络中出现更多的是网民们新创造的词汇。这些新造的词汇来源于社会的各个方面，是在新事物或新现象的背景下产生的。大部分新造词语是符合语法规则的，但也有一部分词语是不规范的。有些新创词语的构词方式已经逐步形成了构词体系，如附加前后缀的词语，“宅”（宅男、宅女）、“准”（准妈妈、准冠军）、“族”（追星族、月光族）等。

（二）针对网络词汇的对外汉语教学研究

深刻了解网络语言对留学生学习汉语有着积极的影响。网络流行词汇可以提高留学生学习汉语的兴趣，增强留学生的交际与运用语言的能力，同时在学习的过程中也能更好地帮助他们了解中国文化。下文通过教学对象、内容、方式等几个方面来研究如何在汉语教学中引入网络语言的教学。

（1）教学对象。教学对象应以中高级水平学生为主，并且注重因材施教。对于初级水平的学生，应以学习基础汉语为主，不宜在教学中出现过多的网络词语。因此中高级水平学生成了重点教学对象。他们已经基本掌握了基础汉语，并且能够在生活中运用汉语进行简单的交流与沟通，甚至已经接触到了一些简单的网络新词汇。很多高水平学生热衷于使用这些词汇，但是他们不了解如何去使用，所以教师需要在讲解普通汉语的基础上，适当地讲解一些应用频率较高且广泛的网络新词汇，以适应生活与交际的需要，从而进一步提高他们的汉语水平。

（2）教学内容。教师根据学生的特点与需求，挑选适合的新词汇来引入教学中去。由于网络的时效性，很多词汇的语用和语义是具有不稳定性的，而且有很多词汇是没有教学意义的，所以这一类词不适合出现在教学中，如上文所说的音译与缩略语等。反之，一些被大众所接受的网络词汇相对稳定，而且被普遍传播。因此上文所提到的旧词新意或者已成体系的新造词就是主要的教学内容，如“给力、正能量、点赞”等。学生通过这些词汇能够了解中国的文化以及现代社会最新发生的事情。此外每个留学生学习汉语的需求是不同的，所以可以按照学生不同的需求开设相应的兴趣或文化课，从而达到事半功倍的效果。

（3）教学方式。网络词汇对于学生来说是新奇而又陌生的，所以对于网络词汇的教学也应该采用启发式教学、形象化教学、创新式教学的方法，使学生们能够理解网络词汇，发现并找到一些词的规律，从而理解同类的网络词语。

第一，通过启发式教学，帮助学生发现规律，并进行分类教学。一些同类型的词语可以一起去教，如上文所提到的“族”“宅”等，通过告诉学生“宅”的意思，启发他们举一反三，进而了解“宅女”“宅男”的意思。第二，通过肢体语言或场景模拟教学，学生们能够更形象化地了解一个新造词的意思，例如，讲到“点赞”可以做出一个竖起大拇指的样子等。第三，通过创新式教学，将网络语言教学与文化教学相结合，通过对于新奇词汇的教学来让学生们了解中国的网络文化与现代生活，从而将词语带入生活中。

综上所述，只有系统地了解了网络语言的文化特点与构词结构，才能真正地将网络词汇运用到对外汉语教学中去，从而让留学生更多更好地了解中国文化，成为知华、友华、爱华的国际使者。

第十节 字本位与认知法的对外汉语教学

随着我国社会经济的快速发展、国际地位的不断提升，越来越多的外国人选择学习汉语。在此背景下，汉语“字本位”理论应运而生，其能够有效消除汉语研究中存在的“印欧语眼光”，并对于相关问题进行解决。而认知法通过对学生认识心理的了解，采用一定的认知原则与方法，帮助全世界的学生更好地学习汉语。

对于当前我国的对外汉语教学而言，“字本位”这种方法虽然未在主流语法研究中得到较大反响，但对于应用领域却产生了极大的影响。随着它在国际汉语教学界应用的不断普及，此教学方法无论是在理论界还是在教学界都处于成熟和亟待突破的阶段。因此，为使得“字本位”这种方法在对外汉语教学中得到更好的应用，就要研究字本位与认知法的深化结合，解决“汉语难学”的问题。

一、认知法的心理学依据与对外汉语教学

认知心理学与行为主义不同，它对格式塔心理学的部分主张进行了继承，不仅关注人的日常行为，还对学习过程中人内心的活动进行关注和思考，如注意、思维与知觉等。其更加重视的是人生的主观经验，并着重对感知、认知等内部发展过程进行研究。同时，认知法强调“有意义地学习”，要求学生在学习的过程中架构起属于自己的认知结构，并通过潜在的意义标记和认知结构之间的联系，进行更加准确有效的意识活动。当前，认知心理学已经完全替代了行为主义，作为心理学的主流理论，其对于语言领域的教学也产生了极大的影响。早在 20 世纪 70 年代，就有人对行为主义语言研究的各种观点与方法进行了完全的否定，认为行为主义不能对人类产生的语言行为进行有效解释。而随着数十年的发展，认知心理学也在语言教学领域得到了广泛的应用，特别是在我国的对外汉语教学中应用较为普遍。

而字本位教学法指的并非“字本位”教学本身，而是对其后期实施的研究。字本位教学法的支撑实际上就是认知心理学，在认知心理学的基础之上对字本位教学法进行了构建。因此其在应用的过程中，也必须体现出认知法的相关内容。

二、字本位理论下的对外汉字教学内容

当前很多的字本位理论学者对汉字教学方法进行了多次试验研究，一般来说主要应用以下几种教学方法。

（一）部件教学法

一些学者提出，汉字有着极强的构词能力，在开展对外汉语汉字教学的过程中，一般会对常用字进行学习，还要对字的构词数进行控制，并且对于有着较强构字能力的独立字与构词数进行学习，之后再学习由其组成的各种生字。实际上就是对各个字族间的关系进行对比，帮助语系不同的学生对各个部分进行学习，厘清汉字理据，给之后词的学习奠定基础。

（二）部首识记法

另外一些学者提出，“词本位”教学存在的弊端主要表现为：在对更多的汉语词汇进行学习时，会产生非常多的同音异义词，如果没有良好的别义功能汉字进行支撑，学习者的学习就存在极大的困难。所以就要求在开展对外汉语教学时，对部首进行应用，对大量的汉字进行识记，同时使用部首对字的实际意义进行表示。

（三）以字为本的组合生成教学法

部分学者有效地归纳了对外汉语教学方法，认为要以字为本，通过字研究词，最后再通过字反映字。并且对学生在汉字学习过程中的心理状况进行了解，实施针对性的阶段教学方式。教学方法的突破口就是字形教学，汉语拼音就是辅助工具，字义理解就是延伸点。此外，还需要根据各个国家与民族汉语学习者的自身特征，有针对性地制订教学方法，从而保证教学的有效性。

三、字本位理论下的对外汉语语法和语音教学

（一）对外汉语语法的教学

字本位的支持学者提出，在对外汉语的语法教学中，要对语法色彩与传统语法成分的区别进行淡化，充分应用交际原则。语句教学之中的主要内容就是将基本模式作为教学对象，逻辑基础则是语义，充分展现出汉语这种“语义型语言”的各种特点。

（二）对外汉语语音的教学

因为字本位所针对的是词汇与汉字的教学，所以在进行语音教学的过程中，学界要进行深入的研究，所应用的基本上是声韵调教学法和“语文分开”教学模式。但当前也有学者提出在教学的初期，语和文进行分别学习，并且应用拼音、字形与集中识字等阶段式的教学方法，提升对外汉语的教学效果。

综上所述，随着我国国际地位的日益提升，对外汉语教学事业快速发展，使得越来越多的国际友人开始加入汉语的学习中来。在此背景下，各种教学方法应运而生，也有更多的专家学者开始关注字本位理论，并使其广泛地应用于对外汉语教学之中。

虽然当前其在应用过程中也存在一些问题，但要想保证其得到更好的应用，就要将其与认知教学法进行有效结合，从而获得良好的对外汉语教学效果。

第十一节　对外汉语教学中的非语言交际

人与人之间的交际通常会使用语言和非语言两种手段，二者相辅相成，缺一不可。在对外汉语教学中，非语言交际必不可少。本节分为三个部分，首先介绍非语言交际相关的概念，然后介绍在对外汉语教学中非语言交际的具体体现，最后总结对外汉语教学在非语言交际方面应注意的问题。

一、非语言交际概述

（一）非语言交际的含义

非语言交际是人们日常交际的手段，关于非语言交际的概念，不同的学者有不同的定义，其中胡文仲给出的定义最为简洁易懂。胡文仲指出："一切不使用语言进行交际的活动统称为非语言交际。"而且非语言交际又包括很多内容，如体态语、副语言、时间观念、对空间的利用等。

（二）非语言交际的特点

1. 非语言交际是连续的

非语言交际是连续不断的，当一个人走进一个房间或者开始与人交流时，他的衣着打扮、行为举止、表情、肢体语言等都在传达着某种信息，这些非语言的行为是一直存在的。

2. 非语言交际是自觉的或不自觉的

非语言交际可能是自觉的也可能是不自觉的，例如，一个人看到亲朋好友来家里做客，会自觉地露出微笑表示欢迎。再如，一个人会穿戴一些名牌衣物来提升自己的品质。这时候人们的非语言交际是有意识的。但是有些时候人们的非语言交际是不自觉的，如人们的习惯性行为，如中国人说话声音很大，会让其他国家的人误以为在吵架，这时人们的非语言交际是无意识的。

3. 非语言交际是模糊的

非语言交际没有正式的规则和模式，也没有固定的结构和表示意义的符号。所以要想正确理解一个人的非语言交际行为，需要综合分析周围的情况才能确定，例如，人们会因为开心激动得哭，也会因为悲伤难过得哭，有时候还会莫名其妙地哭。所以我们很难单纯地判断一个人非语言交际行为的意思。

二、非语言交际在对外汉语教学中的体现

（一）讲解语言知识

在对外汉语教学中，积极运用非语言交际手段会促进学生的学习，使学生印象深刻。在讲解语言知识时，对外汉语教师主要运用的是体态语，所以这部分主要从体态语方面来分析说明。

在讲解语音的声调时，教师会用到非语言手段，会用手势来提醒学生声调的走势。在讲语音的舌位时，图片仍然不能很好地展示，教师就会用手势来辅助教学，例如：用一只手在上表示上腭和牙龈的位置，另外一只手在下表示舌头，四指弯曲来表示舌头的弯曲程度和相对于上腭的位置，这种方法形象直观，外国学生也容易记住和模仿。

汉语的词汇十分丰富，而且词汇教学也是对外汉语教学的重要环节。在词汇教学中，对外汉语教师喜欢用各种各样的辅助手段进行教学，如用图示法和实物展示法讲解名词。在汉语词汇中有大量带有体态特征的词语，如哭、笑、打、拧、提、抬头、低头等。在讲解这些词时，教师在讲解词义的同时也会辅以体态语，学生也可以很快地记住，而且日后就算遗忘，也可以通过回忆体态语的动作来重新记起词语。对外汉语词汇教学的各个阶段都会用到体态语，尤其是在初级阶段，体态语的辅助教学几乎是每位教师都会采取的方法之一。

汉语语法十分抽象并且难以解释，但是我们也可以化难为简，化抽象为具体。语法教学也可以用体态语来辅助教学，例如，讲解“一边……一边”，教师可以举例子：一边擦黑板一边说话，与此同时教师做出这个动作让学生来理解。

（二）课堂管理

在课堂的管理中教师也会用到很多非语言交际的手段。例如上课时，难免会有学生开小差、说话、玩手机等，这时候教师为了不影响教学进度会采取一些非语言交际的手段，如在面部表情上严肃、在眼神上给其示意或者在音量上突然提高，这些都会起到提醒的作用，学生也会意会。另外，教师也会通过学生的反应来及时调整课堂教学策略，如前面提到的学生上课说话、玩手机等一切不认真听讲的行为也是学生的一种非语言交际，这时候教师就会了解到学生的情绪反应从而调整自己或者提示学生。

三、对外汉语教学中需要注意的非语言交际问题

（一）衣着打扮

衣着打扮是非语言交际的一部分，对外汉语教师的衣着打扮是很重要的。不同的国家对教师着装的要求是不同的。中国对教师的衣着没有太多的要求，不太过暴露，整洁自然即可。在泰国，教师上课穿的衣服必须有领子和袖子，女教师的裙子不能在膝盖以上，而且每天都会穿不一样颜色的衣服。在韩国，教师上课不能穿毛衣，要穿外套，而且需要穿拖鞋上课。总体而言，教师的穿着不能分散学生的注意力，学生的注意力还是要在学习上。

（二）表情动作

教师在教学中也要适度地运用动作手势，在讲解语音、词汇、语法时可以使用手势语，手势语可以促进学生对知识的理解，也可以活跃课堂气氛，但是过多地使用手势语等肢体语言会让学生觉得自己是小孩子一样，所以针对不同的教学对象，教师的动作手势也要适当调整。除了教师自己的动作手势，教师也要理解学生的动作手势，最好能够就某种手势达成一致，例如，上课回答问题要举手，如果这个学生举起了两根手指，教师也不清楚他是否要回答问题。

（三）座位排列

座位排列属于空间使用的一方面，空间使用也是非语言交际的一部分。由于不同国家的文化差异，不同国家教室里座位的排列也是不同的。教室的空间应该合理利用，座位也应该根据学生的性格特点或者教学内容来合理安排。总之，不论在哪里教汉语，总用一种座位排列方式会使学生觉得枯燥无味，适当改变座位排列方式会给学生新鲜感，提高学生的学习兴趣。

第十二节　行为主义学习理论与对外汉语教学

在进行对外汉语教学的过程中，语言学习理论是其中重要且不可被分割的重要的理论组成成分。汉语“教学”一词，非常精确地反映了“教”与“学”之间密不可分的关系，同时也反映出了“学”在整个体系中的重要位置。第二语言学习理论所涉及的不仅是语言教学问题，它还与语言学、认知科学、心理学、社会学等学科密切相关。它对很多种学科的发展都有很大的意义，因此已成为这些学科共同关注、积极参与的研究领域。本篇论文从第二语言学习理论着手，重点探讨行为主义学习理论的发展、

在现代的对外汉语教学中我们可以根据行为主义学习理论得到哪些理论上的支持，以及在其发展过程中出现了哪些缺陷和不足，在对外汉语教学的实践方面应如何弥补这些缺陷。

一、行为主义学习理论的发展

（一）学习

学习是人一生中最重要的、无时无刻不在进行的活动。它不仅贯穿了人的生命始终，同时也在不断地通过学习塑造着人的个性和拓展着人的知识面。在心理学中，学习是指人和动物在生活过程中获得经验而产生行为的比较持久的变化。人能够不断学习且不断地将其内化而形成人不同于动物的特殊的较高等的技能，其中最重要的技能之一就是使用语言进行交流。而学习理论则是通过各种行为提炼的，上升到心理学层面的理论性的总结。在心理学定义中，主要的关于学习理论的分支有行为主义学习理论和认知主义行为主义，以及根据这两个分支衍生出的尚未得到具体验证但已影响巨大的各种假说。这里我们具体来谈一下行为主义学习理论。

（二）行为主义

行为主义学习理论产生于20世纪20年代，主要以桑代克的联结主义学习论、巴甫洛夫的条件反射论、斯金纳的操作学习论为代表。行为主义学习理论主要受经验主义哲学影响，认为学习的本质是人和动物因为受到了环境的刺激而被动形成的行为的改变。桑代克的饿猫迷箱实验以及斯金纳的斯金纳箱都论证了一个道理，即人们的言语、言语的每一部分都是由于某种刺激的存在而产生的。这种刺激的来源甚广，可能是言语的刺激、客观环境的刺激、人内部的刺激。例如，一个人在很饿的时候会说出“我很饿”“I’m hungry”，并且刺激其产生寻找食物的行为。而对于学习也是一样的。在学习中，人的言语行为可以通过各种强化手段而获得。在某一语言环境中，他人的声音、手势、表情和动作等都可以成为外在的强化源。在语言学习的过程中，由于言语行为不断受到外在的刺激而得到强化，学习者可以逐渐养成正确的语言习惯，即学会使用与其语言社区或者目的语社区相适应的语言形式。行为主义学习理论认为不能形成语言习惯就不能学习语言。学习的知识通过练习能够被自动地通达，因此可以转化为习得知识。总的来说，即行为主义学习理论强调刺激—反应的联结，认为可以根据提供的刺激来预测或者控制学习者的反应，对学习者的反应做出及时的强化（包括正强化和负强化），这样可以有利于学习者获得学习行为。

二、行为主义学习理论与对外汉语教学

在现代社会，随着全球化经济的发展和不同地区和国家的人们的交流的不断深入，第二语言的学习和掌握已经成为每一个人面对竞争极大的社会的生存工具。自新中国成立以来，中国的经济发展以及国际影响力的提升全球有目共睹，且自国家创办孔子学院以来，全球范围内学习汉语的人数更是不断飞增。但是汉语作为第二语言的研究作为整个第二语言习得研究领域的一个分支，建立相对比较晚，历史也比较短。真正关于对外汉语教学并能指导实践的理论仍处于比较贫乏的状态。因为西方社会关于语言学理论研究的起始年份较早，理论知识比较先进，对外汉语教学在其自我发展过程中不仅在其特定的实践过程中总结了很多理论知识，也大量吸收了来自西方的学习理论来指导对外汉语教学活动。这里我们来重点说一下行为主义学习理论。

行为主义学习理论出现的年代较早，在发展过程中曾占据主导地位达半个世纪之久，后期随着人们对学习理论的理解深入，虽然其因片面性和机械性等也备受抨击，但其在语言学习理论的发展中的重要地位不容置疑。下面我们就行为主义学习理论的教学设计来具体说一下它对对外汉语教学的指导作用。

（一）教学目标

行为主义学习理论主要强调的是刺激—反应联结，认为通过这种动作的联结可以形成相应的行为习惯或者技能。学习的知识就是这种行为习惯或者技能的有组织的联结，通过给予学生能为要学习的知识刺激做出反应的机会，在学生做出反应之后，得到反馈。即提供特定的刺激，以便引起学生特定的反应，这就说明在实际的教学活动中设立的教学目标越具体越精确，所给予学生的刺激也就越明显，就越有利于学生对这种学习刺激做出反应，形成学习习惯或者技能。

在对外汉语教学实践中，要求教学者在制定教学目标时，应注重划分教学目标的层次性，不可过大或者过小，不仅要宏观地就整个学期做整体的教学目标的设定，也要具体地就单月、单个星期甚至每一课时做出具体的教学目标的设定。在实际的课堂教学中，教师也应注重学生通过教学活动能记住多少材料或者能够学会哪种技能。

（二）教学主体

在具体的教学活动中，最重要的主体就是教师以及学生。行为主义学习者认为教师是整个教学活动的组织者、掌控者和训练者。而学习者在教师所创设的知识环境下被动地接受知识。所以学习者在接受知识的过程中一般处于被领导、被塑造的地位。行为主义学习理论认为在对外汉语教学的课堂上，也应由教师来控制知识的输入量。使学生做出教师所期待的行为反应，那么教师就应在学习环境的布置、课程材料的设

定和学生行为的管理方面，在课前就做出相应的系统的安排，以求教学顺利进行。

（三）教学过程

简单来说，行为主义者比较强调知识的准备以及教学者对于教学情境的精密的控制。即学生在准备学习一个新的知识前，除了有相应的知识基础，在学习前就已经由教学者制订了一定的清晰的教学计划，学习者所做的就是在课堂上接受刺激并且强化练习。教学活动一般遵循的步骤是由易到难、由个别到综合、由具体的实例到抽象的总结，通过不断强化练习，再对刺激做出反应并得到即时的反馈。

在对外汉语教学的具体活动中，汉语教师一般会在课前进行周密的课前备课，将知识分解为小片段，在教学过程中按照由易到难的顺序进行讲解。当学生对于知识刺激进行积极的反应时，教师也应对学生的这种反应做出即时的反馈。例如，当学生回答的答案正确时，教师可以对学生给予肯定和称赞，当学生回答错误时，也可以就此引导学生改正错误，进一步解题。当教师对学生的反应做出称赞或引导改正错误的反馈时，学生可以据此进一步调整自己的学习行为，进而不断取得进步。

三、行为主义学习理论的缺陷和不足

行为主义学习理论自 20 世纪初期被创建以来，在长达半个世纪的时间内一直占据着主导地位，即使在现阶段的语言教学或者对外汉语教学活动中依然或多或少地使用着行为主义学习理论主导的教学方法，其中强化作用对于对外汉语学习者的学习作用最为明显。但是因为行为主义学习理论出现得较早，虽然在当时已经是开创性的理论研究，但是随着时代的发展，人们对语言学习的认识逐渐加深，行为主义学习理论在一定程度上不利于实践的进行和学习者学习效果的提升。它主要的缺陷和不足是将学习看作一种盲目的行为。在行为主义者看来，学习这种行为就是一种机械地不断进行练习就可达到目的的行为，它将动物的学习规律直接类推到了人的学习上，认为两者进行的动作本质上是相同的，忽略了人的意识性、主观性和能动性。在我国数千年的教育系统中，行为主义学习理论其实一直占据着课堂教学的理论主流。当学生对问题感到困惑时，教师一般会直接将答案告诉学生而非鼓励其自己寻找答案，这也造成了很多中国学生缺少创造性，缺乏解决新问题的能力，循规蹈矩地进行学习活动。这是我国教育与西方教育最大的不同。

而在对外汉语课堂上，忽略学生的主观能动性而只进行“填鸭式”教学是万万不能的，因为说到底，在现代的学习理论方面，学生的能动性和主动性已经成为教学活动中不可忽略的重要的一部分。且在现代的对外汉语课堂上，学生水平不尽相同，对于教师的知识输出的力度又是一个不小的挑战，教师对于被认定很容易的任务可以采用增加时间压力的方式来增加难度，对于超出学习者语言水平的任务，则应该给予更充裕的时间以便学习者能把更多的注意力放在语言形式的选择上。教师只有课前准备充足，课堂调动学生的积极性，课后积极操练和测验，才能基本完成整个教学过程。当然并不是说行为主义学习理论对于对外汉语课堂没有积极作用。对外汉语教学因为其学生的特殊性，教学过程也应做出适当的调整，但它同时也吸取了行为主义学习理论的精华，例如，在综合课之后的复练课就是根据综合课精讲的课程不断进行操练，以加深学生对于所学知识的认识，达到可以进行实际情境交流的目的。教师在课堂上对于某一重点知识重复讲解并且举大量的例子使学生加深印象，也是掺杂着强化作用和机械性练习的。

在对外汉语教学的具体教学过程中，因为其所教授的对象、教学内容、教学目的的特殊性，所以在真正的教学过程中不可盲目地追求某一种定性的教学方法或者理论来指导教学。由于读和听是学生做出反应所依靠的刺激源，不太可能有很多机会提供给学生练习，所以教师主要培养的是学生的创造技能，即说与写的能力，而不太注重学生的接受技能，即读与听的能力。这与达到对外汉语教学目的中的“交际技能”这一目的还有一定的距离。

第二章　对外汉语教学应用研究

第一节　对外汉语教学中体态语的应用

对外汉语教师应该如何去教才能使学生更好地学习并能正确、灵活地运用汉语，成为每个对外汉语教师必须关注和反思的问题。当我们不能与外国学生在课堂上沟通交流时，眼神、表情、手势等体态语在对外汉语教学中就显得极为重要。基于此，本节着重探究体态语在对外汉语教学中的应用，主要从体态语的概念、功能、意义等方面，对对外汉语教学中体态语的文化内涵以及体态语在对外汉语课堂中的实际运用等展开研究和论述。

苏霍姆林斯基曾说："教师最大的幸福与快乐就在于与学生的交往，因为你的每一步，每一句话，你的眼神，甚至你的目光一闪或者一抬手，这一切都会深深地留在学生的记忆中。"由此可见，体态语在教学中的运用可以达到启发学生、激发学生非智力因素的效果。

一、体态语概说

（一）体态语的概念

体态语又被称为"人体语言""无声语言""行为语言"等，它是用眼神、表情、手势、姿态等来传情达意的辅助性工具，是一种"伴随性语言"。体态语虽然是一种无声的语言，但它与有声语言一样也具着有十分明确的意义。作为一名对外汉语教师，我们可以将体态语恰当地运用到对外汉语教学中的各个环节，促进教学活动的顺利开展。

（二）体态语的功能

赵志智在《非语言交际及其在外语教学中的应用》中，将体态语称为"有声思维，无声交际"。由此我们可以看出体态语的作用并不输于有声语言。体态语作为一种重要的辅助性交际工具具有辅助、替代、调节、反馈等功能。在对外汉语课堂教学中体态语的功能主要有：

1. 运用手势，形象表意

手势是人们在各种活动中使用频率最高的体态语，也是最具有表现力的。手势有多种复杂的含义，有专家将手势分为仰手势、切手势、剪手势、握手势等十种基本手势。无论哪种手势，其基本含义都有一个共同点：手向上、向前、向内往往表示希望，手向下、向外、向后往往表示批判。在各种教育教学活动中，除写板书、批改作业之外，教师的手指还起着非常重要的作用，教师应该提高手势在教育教学中的应用，简练、恰当、自如地使用手势语。

2. 巧用眼神，传情达意

在对外汉语课堂教学中，教师运用目光注视每一位学生，使每位学生都有一种被关注的感觉，会使学生充满更高亢的学习热情。有时也可以通过严厉的目光表达对某一学生的某一行为的不满，以这种方式加以批评会更容易被学生们接受。

3. 合体的衣着，赢得尊重

教师是一个特殊的职业，教师站在讲台上无意中也展示着其独特的气质和魅力。作为一名对外汉语教师，合体的形象不但可以赢得学生的尊重，而且更彰显了一种特有的中国文化。对外汉语教师的衣着应严谨、适度并具有中国的文化特色，一方面有利于避免影响学生的注意力，另一方面也有利于让外国学生更真切地感受到中国文化的气息，达到润物细无声的效果。

4. 丰富的表情，营造氛围

表情是人的心理活动的外在表现。心理学家的研究认为，在人们传达信息的总量中，有 55% 是靠面部表情来获得的。教师往往能从学生的表情所提供的信息中理解学生的精神世界，从而进一步调整自己的教学方案。

二、对外汉语教学中的体态语

（一）体态语与文化

泰勒在《原始文化》一书中指出，文化是一个复合的整体，其中包括知识、信仰、艺术、法律、道德、风俗以及作为社会成员而获得的任何其他的能力和习惯。文化与语言是密切相连、相辅相成的。体态语作为语言不可或缺的组成部分当然与文化也有着密切的联系。文化与体态语紧密相连，了解并学习体态语有利于我们对这一地区、这一国家、这一民族文化的了解，有利于我们更好地适应那里的生活。

（二）中外体态语比较

人类的体态语具有一定的共性，文化相异、语言不通的人们通过体态语可以进行一定程度上有意义的沟通。然而，共性的体态语主要局限于一些先天的动作和自发的行为，而更多的却是后天习得的植根于本国、本民族、本地域的历史文化传统中，具有相当的独特性，可能导致一定的分歧甚至是误解。因此我们有必要对中外体态语进行一定程度的比较，从而更好地进行交流和沟通，尽可能地避免误会和分歧。以中国与泰国在体态语上的差异为例：翘起小拇指在中国一般具有消极的意味，而在泰国却表示友好。

（三）体态语在对外汉语教学中的实践

作为一名初次来到异国赴任的汉语教师，当学生们不能听懂自己的话并对自己所讲授的知识毫无兴趣的时候，我们如何能让学生们理解自己所表达的意思并转换他们的态度呢？体态语的运用可能会是一种有效的方法。

微笑是人类最简单的动作，是消除尴尬的利器，更是对外汉语教学成功的法宝。假使我们来到异国他乡教授汉语，身处他乡、文化相异、语言不通，异国的学生们不能理解自己的意思，不喜欢自己，甚至对自己有一种排斥感时，这时会心的微笑会让学生感到放松。

马斯洛的需要层次学习理论认为爱与归属的需要、尊重的需要是个体需要所必需的，被称为缺失需要。这些需要得到满足，个体就会追求更高层次的需要。在对外汉语教学中，教师的鼓励对促进学生的学习起着不容忽视的作用。适时、恰当、充分地对学生进行一定身势语的鼓励是必不可少的教育教学手段，可收到事半功倍的教学效果。竖起大拇指会让学生们感觉自己是最棒的，从而增强他们的自信心，有助于学生们放心大胆地去进行交际。

对于外国学生来说，学习声调可能具有很大的困难。如果我们能在声调教学中充分利用手势语一定会有助于外国学生更准确地掌握汉语音调。例如，根据赵元任的五度标记法，我们在教授声调时可以辅以一定的体态语从而收到最佳的教学效果。在发一声阴平调时，我们可以一边发音一边做手势，将手掌打开平放于胸前向外做水平运动的同时，声音可以适当拉长。二声阳平对于没有声调的国家的学生来说掌握起来可能会更难些，教师讲授时可将手掌打开由胸下部向上慢慢滑动，口型可以略带夸张。以此类推。

（四）教师体态语在汉语课堂教学中的作用和意义

1. 辅助汉语教学

在对外汉语教学中，体态语的运用可以使抽象的知识形象化。复杂抽象的汉语语法给学生们掌握汉语带来了困难。如果我们能有效地利用体态语，一定会赢得学生的喜欢。例如：在讲授趋向动词“出去”时身体可以稍微向前倾，抬起头，双手摆动，然后径直走出去。当教师做动作时，许多学生可能会兴奋地叫起来“老师走出去了”。

2. 培养创造性思维

在对外汉语教学中，当体态语与汉语的单词、短语、句子、课文联系起来时，就会使学生产生一定的联想并在脑海中留下印象。在课堂学习中，学生们通过大量的有意义的体态语的模仿和运用加深了对知识的理解，并形成自己的学习思路和方法，学生对不同的题材逐渐形成自己独特的体态语言，这本身就是一种创造性思维。

3. 传播中国文化

在对外汉语课堂教学中，体态语不仅是辅助口语表达的工具，也是一种重要的文化载体。作为一名对外汉语教师，我们只有适当、合理、优雅地运用体态语才能让学生们更全面、客观地了解中国，了解中国文化。

三、体态语的适当、适度运用

所谓适当，即要求动作必须与说话的内容、情绪、气氛协调一致，不要故作姿态、故弄玄虚，甚至手口不一。所谓适度，即要求动作要适量，以不影响听者对自己说话的注意力为度，不要用得过多。对外汉语教学中体态语虽然十分重要，但切不可滥用或过度运用体态语。作为一名对外汉语教师，我们还应认识到，汉语教学还应以有声语言教学为主，辅之以体态语，切不可本末倒置。言语教学中有体态语的辅助才显得生动，体态语教学中以言语教学为主才富有意义。同时在运用体态语之前我们要对这一国家的文化背景和禁忌做好充分的了解，避免产生误解甚至引起冲突。语言有差异但微笑没有国界。

第二节　DDL 在对外汉语教学中的应用

20 世纪 80 年代以来，基于语料库的语言学和语言教育研究方兴未艾，特别是其中的 DDL（数据库模式定义语言，Data Definition Language）教学，自提出开始就得到了许多关注。然而，这些研究多数在英语作为第二语言的教学领域之中，在对外汉语教学过程中，关于 DDL 教学的研究则寥寥无几。作者试图借鉴英语教学中的 DDL 模式，探讨其在对外汉语教育中实施的可能性和必要性。文末结合 ESL 中的 DDL 教学经验，提出了设想，以资参考。

利奇（Geoffrey Leech）在 1994 年 4 月召开的第一届国际语言教学暨语料库研究

会议上提出：基于语料库的语言教学和学习有着显著的优势。语料库语言教学是一个大型的语言素材的集合体，多被用来观察、分析和研究目标语和学习者中介语的各种特征。

语料库研究对语言学的各个分支都有所助益。如下三点即为利奇给出的三项优势：

（1）计算机数据是一种倾向于以学习者为中心的语言教学研究方法。

（2）开放式无中心的语言数据鼓励学生在语言学习中探索和发现。

（3）语料库使得学习过程适应于学习者个人的需要和愿望。

有学者认为，语料库的实证性是一大优势，它将大量语言使用者的语言直觉和实例总结起来，从而使得语言分析更为客观。除了工具书的出版，语料库还在其他领域应用，如词汇研究、社会语言学、语用学、语义学、文体学、语法研究等。

一、DDL 教学法

在 DDL 早期，它常被用于英语作为第二语言教学中的词汇教学，如对情态动词、助动词、介词和连词等的掌握。随后，DDL 逐渐被运用于掌握句子的各种连接形式以及不同类型语篇模式的规律等。

（一）DDL 的含义

DDL 原指在英语作为第二语言的教学中，“在课堂上使用计算机生成的索引结果，让学生探索目标语语言模式的规律性，并根据索引结果开发一系列的（教学）活动及练习”。

DDL 广义上属于语料库语言学范畴。与 CALT（Corpus-based Approaches to Language Teaching，语料库的语言教学）相比，DDL 重视从学习者的角度对语料库进行多样的有针对性的检索，然后利用结果来辅助学生的自主学习，使语言教学更有效、更灵活。除此之外，CALT 还有诸多目的，包括利用学习者语料库对学生做错误分析，建立学生的学习历程档案；或是运用类比语料库找出学生在语言使用上与本族语者的异同；等等。

（二）DDL 的基本步骤

DDL 由最常用于外语教学中的词汇教学，逐步扩展到运用大于词的语言单位的学习。基本步骤是识别—分类—归纳。识别意味着弄清楚问题。在这一阶段，教师可以提出问题或者由学习者自己提出困难。分类过程中，学生像语言学研究者一样，将大量的语言数据分类，发现在数据之中所包含的规则和形式。最重要的是第三步——归纳，学生在此过程中会积极参与到语言归纳的认知过程中来。对于重视记忆知识的教育系统中的中国学生来说，此种方法比较陌生。

（三）DDL 的四项原则

DDL 除了具有不同于既往的教学模式的特点之外，在具体实施过程中还遵循如下四点原则：

（1）对于使用中的语言来说，它应当可以被不同的主导工具创造出不同的词语用语索引。

（2）学习者有机会自主发现语言规律。

（3）课堂活动应当以学生为中心而非教师。

（4）学习者应当在解决问题的活动中学习，而非由教师指导。

我们可以从这四点原则中总结出 DDL 的基本思想。第一，学习过程中学习者处于完全的中心位置，他 / 她必须自我学习和自我评价。第二，真实的语言是主要的语言输入。DDL 中的语言数据有两大特征：高质量和大数量。第三，强调学习中的探索和发现。DDL 要求语言学习者在学习过程中自我监控。第四，DDL 将分析的产出结果和分析过程综合起来。最后一项原则至关重要，DDL 帮助学习者发展语料库分析的技能，而这会在课程结束后的很长时间内有益于学习者。

二、对外汉语教学中 DDL 的应用

（一）应用的可能性

从根本上讲，语言学习者也是研究者，他的学习需要为对语言资料的获取所驱动。学习者像侦探那样研究词语用语索引表，他们的任务是发现语言的规律。这样当学生被鼓励沿着一个发现假设的试验模式来学习时，他们习得语言会更为有效，因为他们根据真实语料得出了自己的关于词语意义和语法结构的结论。

DDL 实际操作的语料分为两种：hands-on 与 hands-off，二者的区别在于是否使用计算机进行语料库检索以达到词语用语索引的目的。前者由于高度的自主性，可能仅对于高级水平的优秀学生有帮助。后者用小班教学形式可以解决怎样把语料库直接运用到汉语教学中的难题。后者被认为是有支架的 DDL，因为它帮助学习者用更为演绎、可控和简单化的方式来研究数据。

DDL 模式能够从教学观念和技术层面两个方面激发学习者的写作兴趣，强化其写作动机，开发学习者的写作潜能，提高其写作能力。若想让它们真正走进语言教学的主流，即课堂教学，还必须从多个方面开展理论及实践的研究，如教学理念更新、语料库创建、教学设计、课堂实施和评价等。

（二）具体操作设想

由于国内汉语学习者的年龄多为 16 岁以上，因此也可以尝试用 hands-on 和计算机直接对话，并以小组讨论或小班教学方式，来解决学生发现或者教师提出的问题。

1. 选好语词索引软件

语词索引是基于语料库技术的工作原理，用统计学和概率方法建立起一个包含各种句型、篇章的语料库。其相应的软件是在文本中用字母顺序列出单词以及这些单词所出现的上下文的一个程序。它是语料库 DDL 不可或缺的辅助工具。

2. 语料库的采集

兼收并蓄，充分利用现有资源。首先根据《国际汉语教学通用课程大纲》的要求，将对外汉语教学相关文字材料收集录入相应等级的新语料库，供学习者自主查询和自我训练使用。其次，充分利用一些现成的语料库，如国际英语学习者语料库、交通大学的科技英语语料库、中国英语学习者口笔语语料库等。收取相关条目到 HSK 相应等级的语料库，通过前人的无心插柳，教学更加生动有趣和多样化。

3. 学习者自主学习

以汉语词汇教学为例。在语料库驱动背景下的汉语词汇教学模式，是通过利用现有的网络数据资源建立相应的词汇教学语料库平台，如像北京语言大学开发的 HSK 动态作文语料库，对汉语学习者进行汉语词汇教学时可以作为偏误分析及错误示例来引导学生避免犯同样的错误，帮助学习者在对语料的检索和分析中习得语言、掌握语块，还可以利用语料库的语言分析功能对自己的语言输出作品进行评判。

（三）注意的问题

当然，DDL 并非是完美无缺的。试验证明其短期内效果较佳。但并不是所有学校都有设备以供 DDL，而且也不是所有的教师和学生都对这种基于科技的指导感到舒适。

数据用语索引提出了很多挑战，包括技术、语言、逻辑、哲学和教育学等方面。学习者直接与计算机语料库互动，有时会因为他们必须完成的任务非常困难而沮丧，比如，选择相关的语料库，将结果翻译出来以及在接下来的研究中修改他们的问卷。

根据《国际汉语教学通用课程大纲》的要求，可以进行的教研工作还有很多，比如：根据词汇表编排课文以及决定生词在课文中的复现率。这在编排语料库时也可以有所参考。学生也可以根据词汇表对应相匹配的课文，来查看不同环境下词性显示及应用的不同。

本节仅仅是提出构想，并未进行深入而具体的语料库建设及研究，也并没有参与过 DDL 的真实课堂教学，所持观点一定会有误差。

综上所述，大数据时代的对外汉语教学可以借鉴英语教学中的 DDL 模式的经验，更加靠近实证，从而有利于教学的现代化和科学化。

第三节　汉语劝阻句式在对外汉语教学中的应用

在对外汉语教学中，汉语劝阻句式具有比较重要的应用，因此这是我们需要掌握的。本节就是对劝阻句式进行充分的研究。在研究中，我们要弄清以下问题：第一个就是要清楚劝阻句式的含义以及它的主要分类包括哪些；第二个就是应该怎样正确地使用劝阻句式以及它的语用价值；第三个则是要在弄清它的使用条件的情况下进一步对一些具体的、细致的劝阻语句进行分析。在弄清楚上面的一些内容后，我们就能够进一步建立出劝阻句式库，进而为对外汉语教学中有关于劝阻句式方面的内容提供很大的帮助和便利。围绕着这个主线，本节就将写作的主要思路确定为：首先建立出劝阻句式系统，然后根据建立出的劝阻句式系统研究其使用方法和条件。本节就将对汉语劝阻句式在对外汉语教学中的应用进行详细的研究和分析，希望能够帮助有关的机构和人士，特别是一些留学生更好地掌握汉语中的劝阻句式。

在经过大量的调查研究后我们发现，目前大部分的留学生都未能很好地掌握汉语中的劝阻句式，不能很好地运用劝阻句式进行表达，即使是能够正确运用劝阻句式进行表达的，他们使用的方式也都比较单一。而其实同一劝阻句式能够通过不同的方式和语句表达出来，而不同的情境下表达的劝阻话语也是不同的，所以只有真正掌握劝阻句式的用法才能够更加准确地表达，帮助留学生们更好地与周围的人进行交流。而作为帮助留学生学习的对外汉语教学，就必须更加重视这个问题。在调查后我们了解到，目前大部分留学生对于劝阻句式的使用主要是用“S+ 别 +P”的方式，这显然是行不通的。据了解，目前市面上正在使用的对外汉语教材中对这一知识不太重视，在书中的描述也比较粗糙，不能很好地帮助留学生掌握劝阻句式。而在教学中也存在着一些缺陷，目前的对外汉语教学中比较重视句式的形式和结构，而不讲究实用性，所以这也导致了留学生们不能在实际生活中用劝阻句式很好地表达劝阻话语。所以，我们需要对劝阻句式进行更加详细的研究，在充分掌握的基础上将其变得更加实用和方便。

一、劝阻句式的特征及其分类

（一）劝阻句式的特征

1. 交际对象特征：交际双方与劝阻句式涉及的对象相对应

所谓劝阻句式，顾名思义就是要通过说的话来达到劝阻别人或者拒绝别人目的的一种句式。使用劝阻句式的人在专业的术语中我们称之为“潜主语”，而“被使用劝阻句式”的人则称为“显主语”，用比较通俗的话说就是劝阻别人的人和被劝阻的人。我们在语言库对“A+ 别 +B”的劝阻句式进行不同人称的检索后发现，在第一人称得到的结果有接近 500 条，而在第二人称的检索结果中足足有第一人称的 4 倍之多，从这样的数据中我们可以知道劝阻句式在交际对象特征方面，交际的双方必须要和劝阻句式涉及的对象相对应。

2. 语用功能特征：各个小句的功能最终是为阻止听话人服务

各种句式的表达形式往往是多样的，可以是单个语句也可以是多条语句。而就劝阻句式而言，不同方式或者结构的劝阻语句在表达的语法或者表达的时机和地点上或许会有所不同，但无论何种劝阻语句，最终想要达到的目的都应该是相同的，即是要通过劝阻话语来达到让即将发生的行为被阻止的目的，就像是一个人不想让另一个人继续说话或者继续做某件事情，于是就利用劝阻的语言让他停止即将说出的话或者将做的事情。在这里我们依旧用上面的劝阻句式“A+ 别 +B”作为例子，根据作用的类型来说，劝阻句式一般可用于正在发生或者即将发生的行为或话语。因此我们可以总结出在语用功能方面的特征，各个小句之间的功能还是为阻止听话人服务。

3. 语义特征：否定类词元作用明显

劝阻句式中的劝阻两字意义很明显，就是要达到阻止的目的，因而在许多劝阻句式中往往会直接出现否定类的词元，进而达到“劝阻”的目的。在调查中我们发现，留学生们大多使用的劝阻句式包括：不要、不行、别等，而这些劝阻句式都带有非常明显的否定类词元，表现出来的意义都比较明显，采访他们为什么会喜欢使用这些劝阻句式，他们的回答大多都比较简单直接。而也有一些劝阻句式中没有明显的否定类词元，但是在一些场景中表达出的否定意义也可以比较明显地听出来，例如下列的对话：

小明：爸爸，我的手机今天摔在地上，把屏幕摔坏了，要不给我换个新手机？

爸爸：咱们家不是还有好几个你妈妈以前用剩的手机吗？那些手机都还没坏，你可以把那些手机拿出来用啊。

在这段对话里面，小明提出了因为手机屏幕摔坏了而想要换手机的想法，而爸爸的回答也指明了不会给小明买新手机，在这段对话中，爸爸的回答使用了劝阻句式，但是爸爸所说的话中没有明确的否定类词元，爸爸在听了小明的话后，先是指出家里还有好几个能用的好手机，接着提出让小明继续使用家里那些好的旧手机，没有用不、别等词元就将小明的想法否决阻止了，不仅说出的话更加委婉，而且将否定的意义明确表达了出来。

4. 语体特征

对于劝阻句式来说，大部分劝阻句式的主要作用都是用于实际生活中的交流所用，这类劝阻句式主要是以实用性为主，因而其语体的特征主要是以口语语体为主，而也有一小部分的劝阻句式是比较书面的表达方式，比如街上的一些地方显示不能停车或者不准随地大小便的标识，这类的劝阻句式比较正式和书面。而且学习汉语的留学生们也不是为了学习书面的语言，都是为了在实际生活中能够正常交流，因而对外汉语的教学目标也朝着这个方向在努力。基于此种情况，本节研究的劝阻句式也主要是在实际生活中留学生们比较常用的一些口语表达形式框架。在日常生活中话语的表达是比较多样的，在不同的情境下，同样的劝阻语句表达出的效果往往是不同的，因而要根据实际情况选择性地运用劝阻句式，最好从语用的角度对其进行一定的归纳整合。例如这样的一段话：

（1）虽然在冬天游泳确实能够锻炼你的身体素质，但是太冷了，你会受不了的。

（2）冬天游泳可能会有很多危险的因素，如果你出了什么意外，你爸爸妈妈会多伤心啊！

本节所研究的劝阻句式就主要包含以上所讲的特征。劝阻句式应该符合的语义元素框架结构如下：

潜主语（劝阻者）+ 意愿 + 显主语（被劝阻者）+ 待阻止的行为意图

而劝阻句式的这一个框架是适用于所有的劝阻句式的，只不过有些劝阻句式很明显地就能分出这四个元素，而有的劝阻句式不能直接看出，比较隐晦，需要我们根据说话者的语气以及当时的情景来进行分析和判断。并且一般来说，劝阻者在使用劝阻句式的时候往往会对被劝阻者有一个主观上的否定意识，所以劝阻者才会进行劝阻，所以这样的一个主观的不赞同或者否定的意识就造成了在劝阻句式中往往会出现一些比较明显的否定词，如别、不要、不行、不能等。

（二）劝阻句式的分类

1. 从劝阻策略看劝阻句式的类型

根据劝阻的策略，我们可以将劝阻方式划分为两类，分别是直接和间接的。其中直接类型的劝阻句式在语意上比较明显，单刀直入，能够让人一听就明白其中的劝阻意味，这类劝阻句式多用直接的否定词语；而间接的劝阻句式则与直接的相反，它通过用一些隐晦的词语或者语气，或者用其他方法委婉地表达出自己的劝阻意义，这类劝阻句式相较于直接的而言会显得有礼貌些，但是使用的条件和要求也要相对高一些。

（1）直接劝说与阻止。

1）直接阻止行为。直接的劝阻行为主要发生在被劝说者正在进行或者表达某件事情，劝阻者认为其说的或做的是不正确的，于是当即发出阻止的行为。这类劝阻句式常用的词语有：不要、不准、别、不行等，例如下面的这些语句：

①不要再玩游戏了，不然你的作业待会儿会完不成的。

②上课不准说话。

③你想要吃霸王餐是不行的。

④别在上课的时候睡觉，不然你将来会后悔的。

可以看出，这类的劝阻句式在语气方面都比较直接强硬，可能会引起被劝阻者的不满心理。

2）对现阶段状况的直接否定。这一类型的劝阻主要是劝说者基于对当时的实际情况的分析，认为被劝阻者正在进行的行为是不正确的而提出来的劝阻语句。常常是以“主体 + 否定词”的形式出现的。例如以下的一些语句：

①暴饮暴食会对身体健康造成危害的。

②边走路边看书是不对的。

（2）间接劝说与阻止。

在人们日常的交流和谈话中，我们都会对别人说出的话进行思考，思考别人说的话是否是可行的，然后根据自己主观思考的结果选择使用相关的句式来回答，而如果我们思考出来的结果认为这样做的后果是不好的，那么这时我们就会使用劝阻句式来进行接下来的谈话，但是如果选择比较直接的劝阻句式类型，那么无疑是不礼貌的，这时我们会通过间接劝说的方式委婉地表达出自己的观点，例如，帮别人分析这样说或者这样做的后果或者预期是什么，进而来达到劝说和阻止的目的。而这种间接劝说类型的劝阻句式往往会用到以下的句式框架，例如：如果你……，就会………，继续这样做就会……，要是……，就……，等等。例如下面的这些句子：

①如果你不在今晚把你的作业完成，那么明天你就会被老师批评，请家长。

②你必须弄明白，你继续这样做的后果将会是什么。

③要是你再这样一意孤行，不听我们的劝告，你就会众叛亲离。

2. 从句式构成看劝阻句式的类型

在观察教材中关于劝阻句式结构的讲解和实际例子时我们可以发现，劝阻句式不同于其他的一些句式，它在结构方面是没有比较典型或者明显的判断特征的，劝阻句式的结构比较多，而这里我们主要从句法和功能的角度来进行分析。

（1）一般陈述句式。

一般陈述句就是用平常的语气将事情陈述出来，是我们日常生活中最常见也是最基本的一个句式。而本节中我们根据陈述句中是否存在否定词将其分为两类。

1）否定句式。在陈述一件事情的基础上加上否定词元，就构成了否定句式，这样的否定句式一般在提出否定之后，还会有对事情的分析。例如：

明天的考试不能骑自行车去，天气预报说了明天会下雨。

2）非否定句式。在非否定句式中，往往不会带有明显否定的词元，说话的人一般不会正面评述想要否定或反对的某件事情或行为，而会通过其他方面来讲述这种行为会出现什么样的后果，似乎是为了聆听者考虑，同时也达到了否定某件事情的目的。例如下面的句式：

A：这趟公交车上的人太多了，里面会很挤，我们等下一班车吧。

B：还有 15 分钟就要上课了，如果我们不上去等下一班公交车的话，就会迟到的。

（2）一般疑问句式。

一般疑问句式也是人们生活中比较常用的句式，在劝阻句式中的一般疑问句式就是通过疑问的形式来表达自己对即将发生或者正在发生的行为的不赞同。我们要注意它和反问句是有明显区别的，反问句的态度和语气听起来是比较强硬的，而疑问句的语气则是比较温和的。常见的例子如下：

A：反问句式：同学，这件衣服是我先来看中的，你怎么能来抢呢？

B：疑问句式：同学，这件衣服我非常喜欢，你能不能让给我呀？

这两个句式表达的意思都是一致的，但是听起来 B 句的语气会更温和一些，不会引起别人的反感，第一种语气则带有一种质疑的态度在里面，可能会让人生气。

（3）反问句式

上面我们已将疑问句式和反问句式做了一个对比，已经清楚了反问句式是带有一种质疑的态度在其中的，相较于疑问句式，反问句式在语气的感觉上可能要更强硬一些，其实疑问句式和反问句式并没有本质的差别，但是在某些情况下反问句式的效果是要比疑问句式好的。例如下面的句子：

A：同学，别人打饭都是要排队的，你有什么功劳所以不排队打饭吗？

B：同学，你可以按照排队的秩序打饭吗？

在这样的情况下，两个句式的话都带有否定的意义，而显然反问句式更适用于当时的情况。

二、使用条件与语用价值分析

劝阻句式：“还 VP+（语气词）？”

延续类："还 +VP+（语气词）?"

高增霞认为"还"处于核心地位的基本义是"延续"。从语料观察得知，受本义影响，在"还 VP?"中，"还"表示继续，持续不变的情况最多，语义较明确，可以理解为"仍然、依旧、仍旧"。常常在说话人想要劝阻与预设不符的持续行为或动作时使用。常用于以下语境：

a. 某种情况 A 存在，并受到大众认可或被预设为常识。

b. 听话人让行为 X 发生或持续地发生或即将发生。

出人意料类："还 +VP+（语气词）？"

"还"的基本语义"延续""增益"在不同的句式中，出于不同的表达目的，在不同的语用背景之下也有不同的表现。在不满程度较深、指责语气较为强烈的时候，"还"有时意在表达讨论的事件超出说话人预料，句子重音放在让说话人意外的事件上，可解释为"竟然、居然"。此时，"还 VP？"类劝阻句式用于以下语境：

a. 已经存在事件 M 呈集合: M={"A1, A2, A3, A4…"}, 集合元素是条件或结果;

b. 说话人的预设和现实情况不符;

听话人被劝阻的主要行为以动词"去"为例，统一语境，整理归纳出每一类典型句式框架尽量扩展至最完整，得到较典型完整例句如下：

延续"还"：原因 + 还 VP（呢）？人不在了，怎么你还天天来呢?

出人意料"还"：否定条件 + 还 +（单音节能愿动词）+VP+（吗）？形象气质都达不到要求，怎么你还想当模特?

通过对所收集的劝阻语料的观察和分析可知，劝阻句式不拘泥于句法格式，句式形式多种多样。虽然劝阻句式的形式多种多样，但话语结构有一定的规律可循。在对外汉语教学中我们要注意这些问题。

第四节　传统文化在对外汉语教学中的应用

本节旨在通过分析中华优秀传统文化在对外汉语教学中的作用，剖析对外汉语文化教学的现状及主要问题，并据此提出未来发展的合理化建议，以期为广大对外汉语教师提供经验总结和理性思考。

中华优秀传统文化是中华民族五千年文明史的深厚积淀，也是中华民族享誉世界的一张"名片"。近年来，随着中国社会经济地位的攀升和国际影响力的增大，越来越多的外国人开始关注中国，了解中华文化。在对外汉语教学实践中，将中华传统文化引进课堂，可以帮助留学生深入理解中华文明的内涵和汉语言的独特魅力，激发外国友人学习汉语的兴趣和积极性。

一、传统文化在对外汉语教学中的作用

（一）有助于丰富对外汉语课堂教学内容

教师在对外汉语教学的过程中，单纯讲授汉语言文字的语法和交际应用，对于外国留学生来说未免太过单调枯燥。由于不同语言在文化背景上存在差异，学生在理解汉语言语法时也难免产生用语障碍，影响学生的学习兴趣。将中华优秀传统文化引入对外汉语教学课堂，可以有效地将语言文字与传统文化进行有机结合，增强外国学生对于中国文化的适应能力，提升课堂学习效率和质量，同时对于教师来说，中华优秀传统文化源远流长而又博大精深，传统文化的加入可以更好地丰富对外汉语课堂的内容，使课堂更加生动有趣，从而取得更理想的教学效果。

（二）有助于增强学生的文化交际能力

由于外国留学生与中国本土学生在文化历史背景上的显著差异，学生在交流和交往方面难免遇到困难，因此将传统文化引入对外汉语课堂，可以帮助外国留学生尽快适应中华文化环境，感受到中华文化的魅力，使他们在与中国学生交流的过程中拥有更多的共同语言，产生更强烈的情感共鸣，帮助他们在中国收获友谊，与中国学生共同成长进步，同时也有助于增强学生的文化交际能力和人际交往能力，让他们成为中华文化走向世界的使者，推动中外文明交流互鉴。

（三）有助于消除留学生对中国的刻板印象

刻板印象是人们在真正接触某一事物或群体前在内心固有的思维形象。对于文化来说，刻板印象同样存在，在真正亲身接触到某一文化之前，或者还未真正沉浸在该种文化的氛围中时，人们难免会对这种文化产生一定的刻板印象，从实质上看，这种印象源于人们对文化的不理解和不认同。在真正来到中国学习生活之前，留学生在本国都或多或少地通过电视、互联网等大众传播媒介初步了解了中国，但由于意识形态的差异和国际竞争的需要，他们认识到的中华文化可能并不全面客观。在实际学习汉语和中华文化的过程中，他们更容易带着自己国家的主观意识去审视中国文化。而通过在中国系统的学习和细致的了解，尤其是通过对外汉语教师的讲授和耳濡目染的文化熏陶，他们能够更加深入地感知中国、了解中国，以更加客观的眼光看待中国历史和中华文明，消除文化隔膜和误解，消除交际中的刻板印象。

二、对外汉语教学实践中存在的现实问题

（一）文化学习途径相对单一传统

文化交流的形式多样而丰富，但目前在我国许多学校的汉语国际教育的过程中，由于受到传统教学理念和教学方法的影响，外国留学生学习中华传统文化的方式仍然比较单一传统。现阶段，许多学校的中华文化教育还仅仅停留在传统的“满堂灌”式教学，教师成为课堂的主导力量，教师在讲台上面讲什么，学生就在座位上听什么，所学习的知识也有很多是围绕教材内容而展开的。这种单一的知识获取途径对于中国学生来说尚显枯燥，对于从未接受过中华文化熏陶的外国人来说，就显得更加乏味，长此以往不仅达不到理想的教学效果，反而可能适得其反，招致部分学生的厌学心理。

（二）中华文化和汉语言教学脱节

汉语言的发展是根植于中华传统文化之中的，但在对外汉语教学和培训的过程中，由于不同教师任教科目的差异性，汉语言文字、汉语语法教学以及中华传统文化教学通常由不同教研室的教师参与完成，这在一定程度上会导致中华文化和汉语言的教学存在脱节现象，甚至出现片面重视语音、词汇教学而忽视文化传统教学的现象，造成中华文化的失语。这样的教学模式不仅违背了汉语国际教育的初衷，也是教学体系中的一种问题，任何只关注语言语法或者只关注文化传统培养的教学活动，都无法真正达到传播中华文明的目的。

（三）跨文化交际阻碍重重

正如前文所述，语言学习的最终目的在于人际沟通和文化交流。然而，在现阶段，由于汉语国际教育的留学生与中国学生处在不同院系、不同班级，在国内很多学校，不同国别的学生还生活在不同的生活区，这在一定程度上隔绝了外国留学生与中国学生的交流沟通，不仅不利于双方的正常交流和人际交往，反而可能在无形之中扩大了双方的心理隔膜，使他们无法在交流碰撞中擦出文化和友谊的火花，还会造成外国留学生的交流表达障碍，出现“哑巴汉语”的尴尬局面。

三、传统文化在对外汉语教学中的应用策略

（一）多种途径进行学习，加强文化熏陶

人类知识经验的获得可以分为直接经验获得和间接经验获得两种，留学生学习和了解中华文化同样如此。除了通过课堂获取文化知识的方式，帮助留学生了解中华传统文化，还可以通过参观博物馆、图书馆、文化长廊等社会实践途径，让他们在课余

活动中感受中华传统文化的魅力。同时，在互联网科技飞速发展的当今时代，通过听中文演讲、看纪录片视频等方式，也可以提升自身的语言水平和能力。这样通过多种途径学习汉语和中华传统文化，留学生学习中华文化的热情能被充分点燃，学习质量也能有效提升。

（二）学校加强课程建设，实现融合培养

为了避免出现片面重视汉语语音语法或者片面重视传统文化的“半截子工程”，学校应该加强汉语国际教育的课程体系建设和内容建设。应该树立全球视野和国际化思维理念，将对外汉语教学置于中西文化交流互鉴的新高度，通过组建专业教师团队，整合汉语言文学、历史学、教育学等诸多教研室的教师资源，突破传统课程单一教学大纲，将中华传统文化教育和汉语言教育有机地结合在一起，努力打造精品课程，让任课教师可以更加灵活地授课，增强学生的学习热情，提高整体教学质量。

（三）促进中外学生交流，构建文化环境

文化对人的影响具有潜移默化和深远持久的效果，在对外汉语教学的过程中，要重视中华文化的熏陶作用，关键在于打通中西文化交流的通道，为中外学生之间的交流和交往搭建平台。对于有条件的学校，可以通过定期举办文化沙龙或茶话会、舞会的方式，让外国留学生和中国学生有更近距离的接触，努力构建文化环境。在中华传统佳节，可以通过邀请外国留学生和中国学生一起包饺子、包粽子、制作中国结、学习窗花剪纸等方式，促进外国留学生更加清晰直观地了解中华优秀传统文化和中国的文化遗产，让他们在彼此的沟通和交流过程中逐渐消除文化隔膜，融化心灵的坚冰。

随着中国经济的飞速发展，中国在国际社会的影响力不断攀升，中国文化对于外国人的吸引力大大增加。近年来，越来越多的孔子学院在海外开办，汉语国际教育成为推动中华文化走出去的重要渠道，在对外汉语教学中传统文化的作用不容小觑。广大对外汉语教师在开展教学实践的过程中，要重视传统文化的作用，积极构建文化环境，打造文化氛围，帮助和引导外国留学生更好地了解中华文明，增强他们对于中华文化的认同感和归属感，进而提升汉语学习的动力和热情，争当中外文化交流的使者，搭建起中西文化交流的桥梁。

第五节　对外汉语教学中媒介手段的应用

对外汉语教学往往从零开始，目的是培养外国人运用汉语进行交际的能力，应用媒介手段必不可少。在教学中应用媒介手段具有有效解释知识点、强化对目的语的理解等优势，但媒介手段应用不当也会对教学造成负影响。所以合理、准确、巧妙地运

用媒介语、图示法、快板等辅助教学，不仅可以避免产生语言负迁移等问题，还能够激发学生的学习兴趣，保证第二语言教学的效率和质量。

近些年来，随着经济的飞速发展和国际地位的日益提高，中国在世界一体化进程中的影响越来越大，海外成立了多所孔子学院，中华文化的传播已上升为国家战略。对外汉语教学的根本任务是教好语言，对于其他国家和民族来说，汉语语言教学属于第二语言教学，“第二语言教学往往从零开始，以基础阶段为重点，带有短期、速成、集中、强化的特点，必须强调把知识转化为技能，以技能训练为中心，以培养运用目的语进行交际的能力为目标”。汉语属于汉藏语系，在国际语言中属于难度较大的语言，容易令外国人望而生畏。故如何运用各种媒介手段进行辅助以提高教学效果，势必成为对外汉语教学中的关键问题。

学术界对此问题进行了一定程度的研究，如吴琼采用跟踪调查的方式，通过对初级汉语二语学习者在为期六个月内的五次考试成绩进行统计分析，讨论了媒介语在对外汉语初级阶段教学中的作用；杨晖指出媒介语在初级对外汉语教学中的使用有其存在的现实性、可接受性和必要性，在教学实践中证实有其合理性和有效性；陈夏瑾阐释了媒介语定义、媒介语使用的原因及如何有效使用媒介语三个方面等。

一、在教学中媒介手段应用的优势和产生的问题

媒介手段中能够直接沟通的就是语言。“所谓媒介语就是指在对外汉语教学过程中，为了方便师生交流而采用的媒介语言，有时是学生的母语，有时不是，但它是师生双方都能够理解的一种辅助语言。”笔者现任教于冰岛大学北极光孔子学院，学生来自世界各地，班上以冰岛同学为主，还有法国、德国、俄罗斯、越南、印度尼西亚、波兰等国同学，所以教师在上课时都采取英语作为媒介语，可达到以下教学目的：

（一）有效解释知识点

汉字是方块字，与西方的字母不同，汉字分为独体字和合体字，合体字不仅有左右结构，还有左中右（例如：搬）、上下（例如：胃）、上中下（例如：量）、半包围（例如：迢）、全包围（例如：困）、穿插（例如：乘）、品字（例如：晶）等结构。这种结构方式是欧洲学生闻所未闻、见所未见的，所以要使其理解汉字的结构，以便今后能够识别并运用偏旁部首，用英语进行适当的介绍和解释十分必要。

例如：汉字结构：半包围结构

合体结构中还包括半包围结构和全包围结构，半包围结构又分为两面包围结构和三面包围结构。

（二）强化对目的语的理解

对于外国学生来说，汉语语音方面最难掌握的莫过于声调了。在世界上大多数语言中，都没有声调的区分，英语中也没有明显的四声，只有细微的升降调，所以冰岛大学北极光孔子学院的学生，大多数人基本听不出汉语四声间有何区别。这种情况下，一方面需要教师通过反复发音引导学生记住发音特点，并带领学生跟读进行大量的练习；另一方面则需要用英语来解释四个发音所对应的汉字含义，以促进学生理解四声之间发音的不同之处，以便加强和巩固记忆。

汉语的声调有四个，分别是第一声（55），第二声（35）、第三声（214）和第四声（51），汉语的声调有区别意义的作用。

如第一声：妈（mother）；第二声：麻（fibrous crops）；第三声：马（horse）；第四声：骂（to scold），并且以此类推，遇到四声齐全的单字，都可以将音节相同、音调不同的其他三声集中在一起，先用英语解释，然后再进行反复练习，如挖（to dig）、娃（child）、瓦（tiles）、袜（socks）。

尽管英语在作为媒介语的过程中对教学有非常大的帮助，但应该明确的是：教授目的语——汉语才是终极目标，目前在对外汉语教学中仍存在媒介语使用错误和使用过度的情况，另外，其他媒介手段运用单一也是不容忽视的问题，以下将具体阐释。

二、媒介手段应用不合理对教学造成负面影响

对外汉语教学的对象为母语非汉语的外国学生，他们对以汉语为材料的教学语言的接受能力和语言表达能力，都远远不如母语为汉语的中国学生，所以在教授语音、词汇、语法结构和文化等方面，需要一定的媒介语言作为辅助语，但是在教学中往往会出现以下几种情况：

（一）媒介语应用不当导致语言负迁移

语言迁移是指第二语言或外语的学习中一种语言对另外一种语言的影响。一般会发生两种类型的语言迁移：一种是正迁移，能促进学生学习，大多数正迁移发生在本族语和目的语都有着同样的语言形式方面；另外一种是负迁移，又称为干扰，是使用目的语时学生套用本族语的句型或规则，导致犯错误和对目的语使用不当。

每一个民族的语言都有自己的文化背景，由于汉语和英语两种语言的差异性，它们不是直接的一对一的关系，比如中国有一种味道叫“鲜”，这绝对不是英语里“fresh”或者“delicious”能够完全表述的。语言学理论也指出任何两种语言之间都是一种非常复杂的交叉关系，不同语言的词汇在词语含义、文化色彩、使用范围等方面都存在一定差异。

目前的各种对外汉语教材基本都是使用词汇的理性意义进行注释，这样往往会因为引申义、搭配关系等问题使学生产生误解。比如，汉语“去世”一词，在英语中用“die”表示，但很多教师仅仅这样讲解而不具体界定使用范围，于是学生就会造出“那朵花去世了”的句子。不同语言间定语、状语的顺序不同，许多教师习惯用英语直接翻译，但却没有向学生指明汉语和英语的语序区别，于是有些学生就会套用英语句型或者根据英语的表达习惯自然地造出句子：“你能帮忙我吗？”“李静今天要见面她的朋友”“我买的新裤子一点贵”等。

（二）媒介语应用过度导致学习进程缓慢

语言环境对于第二语言的习得具有非常重要的意义。美国著名语言学家克拉申在阐释“输入假说理论”时强调：大量目的语的有效输入是习得第二语言的前提。有些教师习惯在课堂上大量使用英语进行讲解，学生们有不懂的地方使用英语提问，教师也同样使用英语回答，一节课下来，虽然学生对所要讲述的知识点大体理解了，但是却有上英语课的感觉。人类的发音器官构造复杂，不同语言的发音方法具有差异，有些教师在教授汉语发音时喜欢长篇大论地用英语讲解口腔的构造、发音的部位和技巧，这样不仅加重了学生的学习负担，而且占用了大量课堂上本来可以练习发音的时间，不利于汉语教学的有效进行。

冰岛全国总人数只有 33 万，冰岛语是小语种且在全世界最难语种中被列为第四名，因此除了冰岛籍学生相互之间使用冰岛语之外，不同国籍的学生进行交流，一般都是使用英语。那么，学生除了在课堂上有机会学习和使用汉语之外，课下基本没有交流汉语的语言环境。目的语和媒介语既相辅相成，又是一对矛盾的存在。既然课堂教学是学生学习和使用汉语的重要乃至唯一途径，那么教师频繁地使用英语进行解释或者传达指令，将会在有限的语言环境中降低汉语的有效输入，减少学生听说汉语的机会，这样势必容易引起学生对英语的依赖心理，延缓学生习得汉语的进程。

（三）媒介手段应用单一导致课堂气氛沉闷

有些教师只习惯使用媒介语辅助教学，缺乏使用其他教学手段的探索精神，基本不运用实物、肢体、图示等方法。其实除了语言之外，这些都是在交流中能够直接沟通的重要媒介符号。美国著名心理学家詹姆斯·阿舍尔强调“看—听—理解—说”的认知顺序，认为教学中应采取多种方法调动学生更多的感觉器官来感受和学习语言。

图示法以直接教学法为理论基础。直接教学法，就是使语言与外界事物或经验之间建立起直接联系，而非通过学生母语或媒介语教授目的语。这种方法有利于培养学生直接用目的语思维的能力，减少第二语言的负迁移影响。图示媒介可以是符号、公式、线条、几何图形、自画的简笔画、草图以及画页书籍的插图等等，不要求形象准确、比例精准，只要可以配合说明、讲解目的语的内容，能够作为一种辅助的教学手段即可。

图示法具有高度的形象性，不仅可以描摹具体的事物，更适合将抽象的事物和内容形象化。此外，学习汉语时不仅可以用实物进行展示，加强对所学具体事物单词的认知，还可以辅助其他艺术性的工具，笔者就将中国特有的说唱工具——快板应用于冰岛北极光孔子学院课堂。快板由竹片制作，有五片和两片的大小板之分，由宋代贫民乞讨时演唱的“莲花落”演变而成。由于北极圈附近天气寒冷，冰岛民众没有见过在热带才能生长的竹子，对竹制品非常好奇，尤其是竹子做成的快板还可以击打发出清脆悦耳的声音，在朗读句子和课文时，有利于形成节奏感和韵律美，这样艺术性的道具对活跃课堂气氛、增加学生学习汉语的热情大有裨益。

三、应用媒介手段提高对外汉语教学质量的方法

基于使用媒介语对于目的语的学习利弊共存，故在对外汉语教学中教师应该以使用媒介语是否有利于提高学习效果作为唯一的评判标准，做到以下两点：

（一）准确巧妙地应用媒介语来提高教学质量和效率

讲解汉语单词和用法时，一定要注意对比英语的不同之处，无论是词语选择、词性运用，还是搭配关系、句子顺序都要阐释清楚，以便于学生区分。运用媒介语不仅需要准确，而且需要掌握一定的方式和技巧。比如在上第一节课的时候，因为学生对汉语一无所知，教师可以先用英语做自我介绍和课程介绍，以缓解学生懵懂和紧张的情绪。讲解汉语单词和用法时，一定要注意对比其与英语的不同之处，搭配关系、句子顺序要阐释清楚，以便于学生区分。

对于课堂指令，如“请跟我读”“请把书翻到第 ×× 页”等，教师可以先说汉语，然后用英语解释，使得同学明白指令的含义，然后将这个指令的中文（带拼音）和英文都写在黑板上，再发出同样指令时，则手指黑板只说汉语，不再说英语。这样有利于学生尽快熟悉汉语语言并听懂教师的要求。因为学习汉语初期需要大量的跟读，容易使学生感到疲惫和枯燥，如果此时运用媒介语提醒学生注意或者关注其身体状态，则可以调节课堂气氛和学生的情绪。

此外，由于大多数课本上都有英语解释，如果要求同学们在课下通过阅读英文注释，提前预习新的学习内容，那么在课堂上就可以避免再次使用媒介语对此部分内容进行解释，这样可以有效节约教学时间，提高教学效率。

（二）控制媒介语应用的时机和比例以保证课堂教学的效果

对外汉语学界一直对媒介语进行教学的使用时机和比例颇为关注。“我们原则上

不反对在第二语言教学中使用媒介语，但需要掌握媒介语的使用时机，只能是在不得已的时候使用。”的确，课堂时间总量一定，多说一句媒介语就会少说一句目的语，运用媒介语应该以使学生学习效果达到最佳为“度”。

由于汉语教学中语法是难点并且占据非常大的比重，为了使学生能够更好地理解，可以使用最少、最简明扼要的媒介语来阐释清楚；中华文化纵横五千年，博大而精深，又包含着独特的民族意识、审美心理、风俗习惯等要素，常常也需要通过媒介语进行说明；在课堂用语方面，教师在本节课结束布置作业时使用媒介语，也可以帮助学生更好地理解需要演练的知识点要求，以便更准确地完成课后任务。

总体来说，依据笔者的教学经验，无论从学生的角度，还是从教学的角度来说，都有使用媒介语的需求，所以在教授汉语的初级阶段，可以适度使用媒介语，但为了防止喧宾夺主，造成学生过度依赖媒介语和产生第二语言负迁移，教师应该努力将媒介语的使用比例控制在 10% 以内。而到了中高级阶段，需要想方设法地运用以前学过的汉语直接或者间接解释，如果实在不能解释清楚，使用媒介语的比例也不应该超过 3%。

（三）丰富媒介手段以提高学生的学习兴趣

既然媒介语的应用不宜过多，那么课堂上运用其他的媒介手段将抽象的部分转化为具象的认知，帮助学生理解教学内容、增强学习趣味性则必不可少。

运用图示教学法来活跃课堂气氛。图示法具有高度的科学性，符合人类的认知规律。心理学家研究表明，人类获取的信息 80% 以上来自视觉，大概 10% 来自听觉，通过视、听两种方式感知世界，可以获得全部信息的 90% 以上。比如在讲解文化部分时，欧洲人只知道自己的出生日期，没有中国十二生肖的概念，但是他们都熟悉鼠、牛、虎、兔、龙、蛇、马、羊、猴、鸡、狗、猪这些动物，所以在教学中，可以运用这十二种动物的图片引导学生们理解十二生肖的意义，之后可以询问每位同学和他们家庭成员的出生日期，告诉他们应该归为何种生肖。为了增强识记效果和趣味性，还可以教会他们画自己和亲人的生肖简笔画。

运用快板教学法减少反复练习的枯燥感。因为欧洲学生没有声调概念，四声加上轻声五个声调对他们来说是语音部分的最难点。因此笔者编写了“问候相识情境”的对话，便刻意采用快板节奏来区分轻声：

A：早上好！（下午好、晚上好）

B：早上好！（下午好、晚上好）

A：请问，你叫什么名字？

B：我叫……，你呢？

A：我叫……，认识你很高兴。

B：认识你，我也很高兴。

在“早上好”“晚上好”和“下午好”的问候语中，击打快板的节奏不一样。因为“上”是轻声，所以“早上好”和“晚上好”是两拍，拍点分别落在“早”“晚”和“好”上面，“上”字不击板，但“下午好”的“下”“午”“好”没有轻声，所以均需要分别击板，是三拍；同理，“名字”中的“字”和“认识”中的“识”都是轻声，所以这两个词均是一拍，而非两拍。在汉语学习初期，需要反复熟悉拼音规则，练习发音技巧，学生们时常会感觉单调乏味，并不可避免地出现倦怠情绪。运用快板教学不仅能够提醒学生注意轻声的读音变化，而且说唱的形式又新颖独特，在艺术的氛围内，学生因增加了审美的感受力而兴致盎然。

随着中国文化事业的步步新阶，世界各地汉语学习者与日俱增，对外汉语教师愈加感到任重而道远。儒家经典《礼记·学记》中有云：善歌者，使人继其声。善教者，使人继其志。此句指出善于教学的人，可以运用优秀的教学方法，开启他人心智，令学者按照他的意愿学习。北极光孔子学院位于世界的最北端，冰岛人民也具有许多独特个性，今后在合理的学科理论指导下，除了应用媒介语和图示、快板等符号之外，对外汉语教师应继续深入了解北欧人民的习性，积极探索其他有效的媒介手段，以期提高北极光孔子学院整体的教学质量，为弘扬中华文化继续贡献自己的心力。

第六节　现代教育技术在对外汉语教学中的应用

在“互联网+”时代，随着新技术在教育领域中的广泛运用，慕课、微课、翻转课堂等模式越来越普及，利用远程教学、网络课堂以及虚拟现实等技术，有利于不断完善对外汉语课堂教学体系，优化对外汉语教学，推动新型教学模式的建立。结合现代教育技术、对外汉语教学的发展现状、新技术在对外汉语中的运用以及现代教育技术下对外汉语教学中面临的挑战等，分析对外汉语教学模式新的可能性，从而更好地进行对外汉语教学，促进对外汉语教学模式多样化，以更多途径传播中华灿烂文化。

随着中国不断发展，日益走进世界舞台中央，中国的国际影响力进一步提升。在“汉语热”不断升温的今天，越来越多的外国友人开始了解中国文化，喜欢中国文化，学习汉语。因此，对外汉语教学以及对外汉语的推广工作尤为重要。随着教育信息化的不断发展，新技术在教学中已经扮演着越来越重要的角色，在提升教学质量和增强国家创新能力方面产生了深远影响。在现代教育技术下产生的新教学模式，不仅促进了对外汉语教学模式的多样化，而且以其自身独特的优势，推动对外汉语教学高效率、多样化地进行。

一、新技术下对外汉语教学的发展现状

新技术、新方法和新思想在教育中的应用，包括网络技术、人工智能技术、虚拟现实技术等现代信息技术在教育中的应用。目前，我国以现代信息技术为平台，利用远程教育模式进行教学的院校——国家开放大学，在远程教育方面尤为突出，其对外汉语教学中心凭借自身优势，开启了语言和文化教学的新模式。国家汉语推广办公室也在网上建立了网络孔子课堂专属网站，为汉语学习者提供了良好的平台。而近年来逐渐兴起的翻转课堂、慕课、微课等模式，更将现代教育技术与教学完美结合。

二、现代教育技术在对外汉语教学中的应用

（一）移动端应用程序教学模式

随着信息时代的不断发展，网络课堂、远程教育模式不断被精简化，网络移动直播教育平台以及教育应用程序层出不穷，如一直播、CCtalk、荔枝微课、微信等教育平台，通过手机应用程序的模式，开展线上视频直播教育，学生可以在移动端便捷学习各种课程，直播课程结束后，还可以利用“回放”功能，继续回顾知识。在教师视频直播中，还具有“弹幕留言”功能，教师可以直接与学生进行互动。

以 CCtalk 为例，其主要优势定位是实时互动教育平台，教师在线授课，设立的课程多样化，可以在移动端以及 PC 端同时听课，具有很强的灵活性。

对外汉语教学总体分为文化教学与语言教学，依照以上新型教学模式，在文化教学中尤为匹配，可采用远程线上直播互动模式为学生授课，不仅有灵活性强的优点，而且结合多媒体进行教学，更能直观地加入中国元素，增强学生的视觉效果。例如，中国传统文化中的春节、剪纸、国画、二十四节气等，都可以合理运用远程授课模式，线上授课与文化体验课相结合。学生更能直观地感受中国文化，能系统地了解其背后的悠久历史。讲授写作课、阅读课等概念性较强的课型时，因较难理解，耗时较长，每位学生个体存在差异，所以较为适合采取线上视频直播课模式进行教学，完善的应用程序有回放功能、放慢倍速或者提高倍速功能，学生可根据自身条件，有选择地进行学习，加深对汉语知识点的理解。这种授课方式不受时空限制，学生可以随时随地进行观看，可大大提高对外汉语教学效果，拓宽对外汉语传播途径。

移动端应用程序的教学并不是主流教学模式，但是在一定条件下可以辅助进行对外汉语教学，从而起到事半功倍的效果。在今后的对外汉语推广发展中，若能开发专门学习汉语的移动端应用程序，帮助学生更好地进行听力、阅读、语音的训练，利用碎片化时间，对学生在课堂中学到的知识起到巩固作用，对外汉语远程教学将会更加系统化、专业化。

（二）虚拟现实教学模式设想

虚拟现实是多媒体技术广泛应用的技术，可通过多种传感设备让用户“融入”指定情境。因虚拟现实具有沉浸性、交互性、想象性等特点，可以充分将虚拟现实与对外汉语情景教学相互结合，较适合对外汉语教学中的初级学习者和中级学习者。利用虚拟现实技术进行对外汉语教学，虽不能最全面地进行教学，但在对外汉语文化教学中，可利用虚拟现实让学生了解中国文化，在多维空间中感受情景。在对中国文化、中国历史的讲解中，若采用虚拟现实技术，可全方位、立体地向学生展示中国文化的博大精深，能够更加详尽、生动地为学生介绍中国文化发展，不仅仅局限在课本中的概念性知识，而是帮助学生真实接触书本中的一个个概念化的名词：故宫、长城、京剧、中国结、北京烤鸭、糖葫芦等，让这些名词具象化、立体化，促使学生加深理解，激发学生学习兴趣；在中华文化才艺展示的授课上，可以利用虚拟现实，更为详细地教学生学习书法、剪纸、太极拳等中华才艺，学生按照个人兴趣爱好进行选择，可以克服因师资力量有限，不能同时开设多个中华才艺班的弊端。

将对外汉语综合课教学代入新授课模式，课堂氛围将更加活跃，教师讲授的知识点将更加全面立体，促进汉语相关知识的延伸。值得注意的是，虽然虚拟现实最大化体现出沉浸性、交互性等优点，但并不适合所有类型的对外汉语课堂教学，更替代不了师生、生生互动。对于概念性知识的讲解，依然需要教师面授。因此，虚拟现实与对外汉语教学结合，还要合理选择在特定的课程上。

三、现代教育技术下对外汉语教学的几点思考

在教学方法上，由于对外汉语课堂及授课对象的特殊性，决定了对外汉语教学方法的复杂性，教师要根据学生自身的特点，有侧重点地进行教学。针对汉语初学者，在教学时，侧重于语音的教学。在正音课堂中，教师可以充分利用多媒体设备，为学生播放录音，以及发音方法的视频。针对汉语中级学生，重点在听力以及阅读课，学生阅读文章，在教师课堂讲解后，结合线上网络课堂平台，让学生可以直观地获得电子课程教案，包含更加详细的词语解释、段落分析、课文延伸等。在线上平台，学生可以给教师留言提问，以及在讨论区与学生互动交流。教师利用多媒体辅助指导教学，具体分析每个学生的性格特征以及在汉语学习过程中出现偏误最多的知识点，系统收集学生的偏误信息、考试信息，进行数据分析，更加直观了解每位学生的欠缺点，并及时针对薄弱环节进行系统化训练。整个学期中，学生均可通过在线管理平台对教师的教学方法提出意见，教师通过整合意见信息能更好地促进教学。

四、新技术下对外汉语教学面临的挑战

在新技术影响下的课程改革中，对教师的专业能力要求非常重要，不仅要求教师具备良好的专业知识素养以及综合素质，还需具备熟练使用多媒体进行操作等能力，这样才能在教学改革与更新中不被淘汰，掌握新教学设备、教学技术，更好地教导学生，传授知识，进行汉语国际教育的推广。

在合理利用新技术的前提下，重视教学环节中可能出现的问题，避免主次颠倒，在教学过程中让学生处于教学的主体地位，教师也要发挥好教学活动中的主导作用，以培养学生的交际能力为重点，采用多样性教学方法。在整堂课中，若过于频繁使用多媒体等技术进行授课，缺少师生、生生之间的互动，不仅不能呈现出完整的课堂，还会影响学生学习汉语知识。教师上课的无声语言也是新技术所不能替代的，进行实体授课时，教师可以第一时间掌握学生对知识的掌握情况，与学生互动更加直接，便于答疑。因此新技术的运用要与对外汉语教学巧妙结合。

新技术的运用促进了对外汉语教学打破以往传统的教学模式，将对外汉语课堂更加立体化，进而逐步迈向信息化、现代化，合理运用新技术与对外汉语相结合，不仅拓宽了对外汉语教学的组织形式，而且为对外汉语教学模式提供了可能性，使教师明确了肩负的责任与使命，促进对外汉语教育事业发展的同时，也为孔子学院的教学模式提供了更多选择，进一步推动了中华灿烂文化的传播。

第七节 中国音乐在对外汉语教学中的应用

音乐是一门世界性的语言，通过音乐的熏陶，第二语言学习者可以瞬间进入目的语文化环境中，直接感受目的语语言的特点与魅力。在对外汉语教学中，用中国音乐辅助对外汉语教学使得汉语学习者在潜移默化的整体感知中增强汉语语感，完成其汉语学习和习得的过程，并自觉修正偏误，提高其汉语学习的效率，同时通过中国音乐旋律和歌词的独特魅力感受中华文化的丰富多彩。本节立足于对外汉语教学策略的多样化，从使用音乐辅助教学的角度出发，对中国音乐在对外汉语课堂教学的应用方面进行探讨，并提出相应指导建议，以丰富对外汉语教学策略的多样性。

随着中国综合国力的提升，中国国际地位越发重要，中国与国际社会的交流越发频繁，当今中国是一个充满机遇和挑战的国家，激发了更多的外国人来中国经商、旅游、留学等。我国的对外汉语教育事业在这样的背景下蓬勃发展，学习汉语的外国学习者越来越多，而对外汉语教师们也在这样的背景之下面临着更多的挑战，不断尝试

新的教学方法和教学手段以帮助汉语学习者达到理想的学习状态。因此，本节尝试将中国音乐引入汉语课堂，用中国传统音乐和流行音乐引导学生学习汉语，激发学生学习汉语的积极性，修炼其中国文化素养，最大化发挥中国音乐对于汉语学习的辅助作用，提高汉语学习者的语言交际能力，使其达到理想的汉语学习状态。

一、中国音乐与对外汉语教学

语言是人类特有的交流工具，音乐是人类表达情感的符号，二者都是用声音表达出自己的思维想法，是人类社会不断变化发展的时代产物，是我们用来传递情感、表情达意的一种方式，中国音乐作为中国文化的一个方面，是语言学习者了解异国文化的渠道。音乐随着时代的变化而变化，随着语言的发展而发展，反映着不同社会时期的形态风貌。中国音乐是了解中国文化、提高汉语水平的一个渠道，同时将中国音乐引入对外汉语教学中可以拉近汉语学习者与目的语文化的社会距离和心理距离，加速其对中国文化的适应。中国传统民族音乐分为五大类：歌曲、歌舞音乐、说唱音乐、曲艺音乐和器乐，它们无一不带有典型的中国传统文化特色。本节涉及的中国音乐有中国传统音乐中的器乐和歌曲，还有相对于传统音乐而言的现代流行音乐，应选择合适的部分将其合理利用在对外汉语教学中来辅助汉语学习者的汉语学习。

二、中国音乐在对外汉语教学中应用的重要意义

（一）文化传播中的意义

在对外汉语教学中，教师面对不同文化背景的汉语学习者，课堂汉语教学实际上也是一种跨文化交流，而如何调动、提高异文化背景的汉语学习者在汉语上的动力、信心与综合能力也是众多对外汉语教师一直在思考的问题。当不同的文化发生碰撞时，我们对异文化的认识是由具体的物象逐层深入精神内核的，处于物质层面的文化因素较为直观，容易被学习者接受了解，所以需要不同的介质来当作不同文化交流的纽带。正如欧美文化在中国的传播正是从影视、音乐作为传播介质开始的，而后逐层深入方方面面。中国第一夫人彭丽媛女士在众多国际交流场合中选择了中国音乐作为文化交流的媒介，向友好国家、友好人士赠送中国民族乐器，向世界展示出中国传统文化的独特魅力。正如庞朴认为“文化有民族性，将一切做得具有自己的特色，这也是中国文化的认识历程的归宿”。在对外汉语教学中，具有显著文化特色的中国音乐就可以作为一种文化介质帮助外国汉语学习者初步了解、体会到多彩丰富的中国文化。

1. 体味中国文化审美意趣，增强文化素养

中国音乐文化作为中国文化的一个分支，每一部音乐作品都蕴含着独特的文化背景，中国传统文化审美意趣的含蓄美在这些歌曲中展现得淋漓尽致。在中国传统民间音乐中，著名古琴曲《高山流水》用高妙自然的乐曲谱写出伯牙与子期“曾经沧海难为水，除却巫山不是云”的深挚友情；古筝曲《渔舟唱晚》描绘了夕阳映照下万顷碧波，渔民们悠然而归，渔船随波渐远的怡然景象；二胡曲《赛马》用富有动感的节奏、强弱分明的音调为大家呈现出蒙古族牧民欢庆赛马盛况的情形；琵琶曲《春江花月夜》以唐代诗人张若虚的“孤篇盖盛唐”的诗作为基础，用音符表现出作者以月为主体，以江为场景，掺杂人生时间的慨叹，呈现出一幅幽美迷离、如梦似幻的春江月夜图；现代大型歌舞音乐剧《孔子》《杜甫》用艺术表现的手法为观众呈现出一场如梦似幻、跌宕起伏的中国特色民族文化的视觉盛宴；现流行音乐中融入中国文化的“中国风”歌曲也在中国音乐流行歌曲里获得独一无二的地位，《凤凰于飞》《卷珠帘》《千里之外》《但愿人长久》等具有中国文化特色的流行歌曲用传统中国文化的文学素养为基础进行创作，婉转清扬的旋律和富有诗意的歌词都深深感染着国内外人们的审美情趣。这些优秀的音乐文化是我们向外国汉语学习者展示中国文化的一种非常简洁、有效的教学手段，对外汉语教师可以利用这个媒介向外国汉语学习者介绍音乐背后的故事，让外国汉语学习者细细体味、感受中国传统文化的特色与魅力。

2. 丰富中国文化知识，品味风土人情

悠久的历史赋予了中国璀璨绚丽的文化宝藏，中国音乐文化作为其中的一颗明珠闪闪发亮。中国传统民族音乐历经千古流传下来，在当今又被赋予了新的生命力，而这种生命力被注入对外汉语教育事业中更是显得生机盎然。经典再创的诗词歌曲《明月几时有》用现代音乐曲调唱出了千年前的月圆下的慨叹与思念；《苔》用轻柔的旋律带出了生命的昂扬不息；《月满西楼》用如泣如诉的声音诉出古代女子的深情闺意。这些优秀的诗词配以新音乐中朗朗上口的曲调，流行于当今人民大众之中，合理利用这一具有中国传统文学色彩的优势资源，不仅能够让外国汉语学习者在音乐的帮助下深入理解和感受中国诗词的意境与韵味，还能让他们积累背诵许多脍炙人口的中国古典诗词，这对提高外国汉语学习者的中国传统文化素养有着极大的促进作用。

充分发挥地域文化的优势，让外国汉语学习者感受到中国广袤大地的情怀，引导他们了解中国多样独特的风土人情，调动他们学习汉语的积极性，如流行音乐中的《一个人的北京》《西安人的歌》《成都》《西湖》等；民歌《我们新疆好地方》《青藏高原》《请到天涯海角来》；戏曲音乐黄梅戏、京剧、越剧、豫剧等。用充满地域色彩的中国音乐刺激学生利用周围目的语环境，了解中国文化、当地文化，在汉语学习中感受到学习生活的乐趣与色彩。

将音乐元素引入对外汉语的课堂，以音乐为媒介，将语言和文化连接起来，营造特定的文化氛围，使外国学习者通过音乐感受到中国文化的审美取向，在潜移默化中感受丰富多彩的中国文化的独特魅力，同时仔细体会中国文化与其母语文化的同与不同，尝试理解、融入中华文化的文化环境、民俗风情，有助于外国学习者在学习汉语的过程中，用更深层次的感知掌握汉语、理解尊重中国文化。

（二）汉语学习中的意义

1. 提高汉语发音的准确度

汉语语音的声调是汉语学习者在学习汉语语音时普遍会遇到的一个难点，一些以汉语为母语的人忽视的小问题都有可能成为外国汉语学习者学习汉语的一个阻碍。由于汉语声调的相对性，汉语教师必须在语音声调教学过程中探求更加多样化的方法帮助学生形成属于自己的汉语音高范围，勤加练习，才能更好地使汉语成为一项语言技能来使用。汉语声调难以掌握，而中国歌曲就能很大程度上改善这一问题。在实际教学过程中，对于汉语语音中轻声、变调、儿化等音变现象，通过对中国歌曲的反复欣赏和模仿，外国汉语学习者会更容易调整自己的汉语发音。选择与学习内容相关或者教师想让学生触发感受汉语知识文化的相关中国音乐进行辅助，有利于外国汉语学习者对语言点的把握。

2. 锻炼汉语听力的能力

听力能力是汉语技能训练的一项重要的言语能力，在语言学习过程中具有十分重要的地位。学习第二语言是在大脑中进行一个输入、加工再输出的过程，只有保证输入的正确性，大脑才可以正确地解码，输出正确的答案，但是往往外国汉语学习者在汉语听力课上很难提高学习的积极性，原因在于他们认为听力材料过于乏味沉闷，并且语速快、听不清、听不懂。音乐对锻炼学习者的汉语听力能力有着很大的帮助，在完成课堂教学内容之后，对外汉语教师可以将一些听力材料替换成与学习内容相关，并且有利于汉语教学内容的中国音乐，对外汉语教师可以根据实际情况调整选择，教师可以在提出一些问题之后让学习者欣赏音乐，播放完毕以后回答问题或者说出自己的理解感受；还可以在播放歌曲之后让外国汉语学习者进行填空训练，写下自己听到的歌词等。中国音乐的多种类型都可以灵活运用到汉语教学上，音乐较强的感染力和学习者的好奇心都会让实际课堂教学效果得到显著提高。

三、中国音乐在对外汉语课堂中应用的思考与策略

在实际教学过程中，将中国音乐穿插进对外汉语教学的内容中有助于外国汉语学习者学习汉语，增强中国传统文化素养，提高他们汉语学习的积极性，但是这也需要根据教学对象的种种不同因素而进行分析调整。

（一）因材施教，有效调整教学策略

在对外汉语课堂上，由于学生群体不同，教师要根据实际情况改变和调整教学策略与方法。对外汉语教师应该充分发挥学生的主体作用，承认学生之间存在个性差异，根据自身教学实践情况，结合外国汉语学习者的文化背景、学习水平、年龄阶段、班级特点、认知能力、学习风格、性格特点等做出判断，设计与其相符的教学内容与活动，创设一种相对宽松平和的课堂氛围，用音乐影响学生的情绪，带领他们更好地学习汉语。

来自亚洲文化圈的外国汉语学习者对中国文化的审美取向和价值观的接受度相比于非亚洲文化圈的外国汉语学习者要高，由于古代中国文化的辐射区域较大，周围国家都受到了中国文化很深的影响。对于他们而言，中国传统知识文化如：茶文化、婚俗文化等，传统器乐音乐如古筝、古琴、笛箫等具有中国独特文化特点的中国音乐与他们的文化有很多相似部分，可以很容易找出文化的对照物。所以在这样的背景下，可以寻找文化中的相同点和不同点，选取一些具有中国文化特点的中文歌曲、器乐音乐、戏曲音乐和歌舞音乐，让学生静坐闭眼，欣赏中国音乐，感受中国文化的旋律与辞藻之美。引导学生欣赏、学习音乐，同时也谈谈对不同国家音乐文化的理解，增加外国汉语学习者学习汉语文化知识的广度和深度。非亚洲文化圈的汉语学习者可能由于文化背景的差异性较大，更需要在语言教学时对外汉语教师的趣味性引导，从文化的差异性、独特性切入，让他们感受文化的不同，课堂活动可以用音乐小游戏辅助教学，或是学唱大家耳熟能详的中文歌曲，音乐歌词哼唱、接龙等。

在课堂音乐的选择上，要清晰明确、积极向上，有明确的指向性，有助于外国汉语学习者的汉语学习。选取合适的外国学生群体的中国音乐进行教学内容的操练与复习，避免因对外国汉语学习者学生群体了解不充分而造成课堂文化冲突等突发事件或是音乐选取不符合外国汉语学习者学生群体的汉语水平、情感感知、文化背景等造成课堂活动响应度不高的课堂情况，所以在中国音乐的选择上还是需要汉语教师综合考虑和慎重选择的。

（二）因势利导，完美结合教学内容

中国音乐引入汉语课堂作为辅助性教学内容，其目的是增加汉语教学方式的多样性，刺激学生学习的动机和热情，以巩固语言点的学习，加深外国学生的印象，同时还能使外国学生的汉语词汇量得到扩充，并且加深学生对汉语词汇、语言点的记忆。但在课堂教学内容完成的规定范围内不可喧宾夺主，保证正常课堂内容进行，穿插中国音乐在课堂内容教学中或是设立一两节专项中国音乐课学习一两首大家耳熟能详的中国歌曲。利用中国音乐歌曲激发他们的学习热情才能最佳帮助外国汉语学习者的汉语学习。

学习具体语法点时，可以采用中国音乐进行辅助，帮助外国汉语学习者巩固理解知识点，比如中国风的流行歌曲《凉凉》中的歌词涉及汉语语法点“V+N”“谁在哪里做什么”；民歌《茉莉花》中的歌词涉及语法点“又 A 又 B”“让谁做什么”“V 给谁”等，这些语法点就可以应用在对外汉语课堂教学上，学习到这个语法点的时候将歌曲分享给外国汉语学习者，巩固加深外国汉语学习者的印象，同时旋律优美的音乐歌曲还能激发他们的汉语学习兴趣，帮助他们记忆运用，激发学习热情，使他们更有学习的成就感，不断刺激他们的学习动机。

中国音乐在教学内容中的应用可以激发外国汉语学习者学习汉语的热情，使他们在潜移默化中受到汉语的影响，习得部分语言知识，减轻外国汉语学习者学习语言的负担，增强外国汉语学习者的汉语语感与语言文化感知力。将中国音乐运用到对外汉语教学中，汉语教师的正确引导加上学生的反复练习，预期的教学效果会显著加强，它不仅丰富了课堂教学的趣味性和文化性，而且对外国汉语学习者的汉语水平、学习热情、中国文化素养、感知交流能力都有着积极的推动作用。

第八节　语境理论在对外汉语教学中的应用

语言是人类在交流中使用的重要工具。这种能力体现在学习者在特定情况下的使用情况，这里的具体背景是语景。本节探讨了语境理论在对外汉语教学中的应用、对外汉语教学的教材评价与选择以及对外汉语教师的教学意识，旨在提醒汉语教师将这一理论应用于教学实践中。

一、语境理论及其重要性

关于语境的概念和种类，学者们有不同的分类，本节采用的是瞿麦生的观点：语境，“是指使用语言时所处的实际环境，包括语言之内和语言之外的。语言之内的环境叫语言环境，主要指语言内部的语词、句子、篇章之间的关系，即上下文关系。语言之外的环境叫非语言环境，主要指话语以外的物理世界、社会文化世界和心理世界，包括时间、地点、对象、社会情境等，即情境的上下文关系”。根据语境理论在对外汉语教学中的应用，本节主要讨论前三种语境的影响。

语言环境是语言的内部环境，主要体现在语言单元之间的关系中。例如，女生对男朋友说“我没事”。如果没有上下文语境，可以理解为“我真的没事”，或者想表达“因为对方不在意自己而生闷气”。教师在对外汉语教学中，如果没有给出上下文语境便很难向学生解释清楚。

“情境语境是指所涉及的人物、背景、人或事、时间和地点、社会环境以及相互倾听的辅助沟通方式。包括非语言因素，如表情、手势。”汉语文化源远流长、博大精深。现代汉语中有很多一语双关和弦外之音，倘若学生不理解它们的隐含意义，在语言交际中也会遇到重重阻碍。从这个角度来看，在语言理解方面，语境对于理解“非凡意义”至关重要。例如，在汉语中，习语具有字面意义和隐喻意义，即语义的二元性，其隐喻意义可以理解为话语的“非凡意义”。例如：“Hello”的意思在不同的环境中完全不同，它可以是“用一定的方式当面表示问候”，也可以是“预先或事后表示关照，告诉某人”。要理解这句话的真正含义必须与具体背景相结合。

“文化背景是指交换语言的文化环境，包括文化传统和习俗。”例如，外国学生经常会问“走在门后”“吃闭门”“唱红脸，唱白脸”等字样。他们如果没有一定的社会文化知识就很难理解。因此，语境理论对交际的重要性在汉语作为外语教学中尤为重要。

二、语境理论在对外汉语教学中的应用

语境理论在对外汉语教学中的应用主要体现在教学过程、教材评估与选择、汉语教师的教学意识等方面。

（一）语境在汉语作为第二语言的教学中的应用

语境发挥着重要作用。它贯穿于对外汉语教学的整个阶段。根据教师的教学经验，语境教学法是一种有效的词汇教学方法。刘珣认为：“词语教学应与句子教学相结合，掌握一定语境中的词汇。使用情境方法来教授词汇并将新词放在语境中，即理解句子、话语和某些社会和文化背景。”

在词语展示时，教师可以放慢语速并用目标词汇来描述语境，以便学生可以根据他听到的内容和他自己对单词的理解说出生词。在学生理解之后，可以结合上下文给出前一句的意思，让学生补充词语的意义。最后再让他们完整地说出刚才造的新句子。学生掌握新词后，让他们造句并相互练习。语境为教师讲解词语和学生操练搭建了一个很好的平台。

另外，在不同词性的词汇教学中，大部分词汇可以通过设置语境来让学生理解，让学生在实际情况中琢磨、揣测、体会词汇的意思，然后再引导学生造新的句子。比如教师在讲“矿泉水”“包”等形象可感的名词时，可以带实物展示，这样简单又直接；又如可以表演动作来讲解“走”“跑”“唱歌”等动词；使用叙述情境来描述心理动词，如“挫折”“令人惊讶”“满足”；对于词汇教学中的难点，如副词、连词教学，很难用词语解释清楚，我们同样可以设置情境，为学生提供一个具体的语境。词语的语用色彩是在一定的语境中体现出来的，所以在解释词语的语用方面更要结合语境，

例如，“父亲”和“令尊”都表示“父亲”，但“父亲”指的是说话者自己的父亲。“令尊”则是对听话人的父亲的尊称，不明白而混用是不妥当的。从这个角度来看，语境理论在对外汉语教学特别是在词汇教学中起着重要作用。

（二）语境理论在对外汉语教材评估和选择中的应用和建议

教材是教师教学和学生学习所依据的材料，教学计划和教学大纲是学校教学内容的组成部分。在教学活动中，教材占有非常重要的地位。因此，编写好的教材需要编辑对专业的教学内容有广泛的了解和深入的研究。“良好的教学材料是学术和艺术，实践、交际、有趣、科学和针对性无疑是适用于各种对外汉语教材的基本原则。”语言是沟通的工具。我们在编写教材时应尽可能创设各种生活中的实际情境；另外，语言材料应反映生活的真实性，以便学习者能够快速、直接地将教科书中学到的内容应用到现实生活中。

而现在由于“汉语热”，市面上一些汉语教材参差不齐，部分教材内容陈旧、形式单一、滞留于汉语理论解释、与生活实际脱节，不免枯燥乏味，编写工作者对此要重视起来，明确编写的责任与义务，真正做到将教材的学术性与艺术性有机结合，为教师提供更好的教材，促进对外汉语教学的有效进步。对外汉语教师要慎选教材，根据教学的实际情况选择符合学生学习特点的交际化教材。

（三）语境理论在教师教学意识中的体现

钟梫认为：“对课堂而言，教师好比是一出戏的导演，戏精彩与否首先取决于导演的素质和水平，作为对外汉语教师，其必须具备多元化的素质。”许多像钟老先生这样的老一辈对外汉语教师在教学实践中都有这样的深切感悟：传统的汉语教师具有明确的教学意识。他们始终坚持“以学生为中心”、精讲多练的原则，培养汉语学习者得体地运用汉语进行交际的能力。这种教学意识也正是语境理论的很好体现，对外汉语教师将语境理论融入教学中，让学生在情境语境中体验学习。

总而言之，语境为说话者提供了说话的平台，表达了说话者的意图和情感，是语言的活力，任何语言词汇的表达都要在一定的语境中体现。对对外汉语教师而言，重视语境在教学中的作用，培养学生运用汉语进行交际的能力无疑将提高他们的汉语学习能力。

第九节　翻转课堂在对外汉语教学中的应用

翻转课堂是起源于美国的教学模式，其关注学习过程，注重激发学生主动参与学习的热情，其能为学生创造更多学习机会的理念与我国高等学校的人才培养观念相吻合。本节探讨了将翻转课堂应用到对外汉语教学中的模式及效果，以期为对外汉语教学改革提供参考。

《国家中长期教育改革和发展规划纲要（2010—2020年）》指出“全面提高高等教育质量，提高人才培养质量，更新人才培养观念。着力提高学生勇于探索的创新精神和善于解决问题的实践能力，营造独立思考、自由探索、勇于创新的良好环境”。而当前的对外汉语课堂常常是教师的“一言堂”，由于教学方法欠佳，课堂常出现学生积极性不高，应用能力、思辨能力不足，语言综合能力不高等问题。

一、设计原则——任务驱动原则

翻转课堂聚焦于课堂活动设计，将课堂变为学生应用知识、解决问题的场所，因而课堂活动要依据具体的单元目标，以任务驱动推进语言输入、输出为原则。在进行课堂活动设计的过程中，教师应从学生的知识水平、生活经验出发，以语言交际为目的，设计一系列与现实生活相联系，可进行讨论、协商的任务，且任务设计应遵循前后相继、从易到难、由简到繁的原则。让学生带着一个个具体的任务进行思考与探究，在执行任务中探索、发现新旧知识的关系，感受到语言交际、学习的有效性，体验用语言做事、解决问题、完成任务的成就感。在用语言做事的任务体验中，提升语言技能，提高运用语言的综合能力，提升解决问题的能力。

二、教学模式流程

（一）准备阶段

第一，明确教学目标，重构教学内容。教师根据学生的实际情况和语言教学的要求，明确教学目标，即在掌握语言知识、提升语言综合应用能力的同时发展逻辑思维能力，提升学生解决问题的能力。并据此将总体教学内容划分为若干单元，列出单元知识点、重难点、考点、易错点，根据各单元的主题和教学情境，对教材内容进行调整。如保留并选用教材内容、合并相关或类似知识点、对教学内容进行补充等，同时设计一系列前后相继的任务，对教学内容进行重构。

第二，确定评价方式和考核体系。采用形成性评价与终结性评价相结合的考核体系。在评价范围上涵盖学生语言知识和能力、学习参与度、与同伴交流互动的表现、自主学习能力、独立思考的能力、创新思维能力及任务完成情况等方面。评价指标主要由期末成绩（60%）、课堂任务及表现（20%）和平时成绩（20%）组成，以期更客观、更全面、多维度地评价学生在翻转课堂各个环节中的表现和学习效果。

（二）实施阶段

第一，发布学习要求，跟踪学生的自学效果。教师通过微信群在每个单元上课前3天，向学生发布本单元的学习任务。为使学生在学习之初对学习目标、教学内容和教学重难点一目了然，要求学生先阅读单元导学清单，并观看新知识传授视频和文化拓展视频，视频最后针对授课内容提出反思性问题，引导学生去思考、去探究。然后学生带着问题观看语言运用案例情境视频，通过以上过程了解单元基本语言文化知识和语言使用情境。观看完视频后，要求学生完成课前测试，并通过在线交流平台进行在线讨论、答疑与辅导，及时检查、跟踪和了解学生的自学情况。

第二，任务驱动型课堂活动的实施。课堂前10分钟，通过生词抽查、长难句分析、课文内容快问快答、对自学反馈的难点及测试错题进行讲解讲评等环节，进行少量语言输入型热身活动。而后以小组为单位，围绕任务，通过开展组内或组间的问答、讨论、阅读评论、主题陈述、辩论等活动进行互动交流，学生借助语言输入与输出，交换信息和碰撞观点，还原语言的工具性，让学生多角度、多方位地进行思考。并收集信息，分析问题，执行任务，形成新知识，提升语言技能，解决问题，提升成就感。在学生执行任务的过程中，教师巡堂，对课堂进行监督与引导，最后学生以口头汇报、PPT展示、表演、成果展览等形式展示学习成果。

第三，课堂反馈与总结。在任务展示完成后，教师对任务成果及学生学习过程进行点评，提出改进意见，对单元知识进行总结，使学生课后观看单元总结视频，对单元知识进行梳理，并根据学生的实际情况指导学生进行课外拓展性阅读，要求学生完成试题库中的相关练习，帮助学生巩固单元知识，为顺利进入下一阶段的学习做准备。

三、效果分析与评价

为了解翻转课堂的教学效果，在翻转课堂教学实施一学期后，笔者对学生进行了问卷调查。问卷采用五级量表，共有11个调查项目。发出问卷55份，回收问卷52份，用Excel对调查结果进行了统计。统计显示，学生对翻转课堂在语言教学中的应用持肯定态度。75%的学生明确表示能适应翻转课堂的教学，73.07%的学生表示愿意继续使用翻转课堂进行学习，80.77%的学生认为翻转课堂能更好地培养其自学能力，88.46%的学生认为翻转课堂能更好地培养其分析问题、解决问题的能力，76.92%的学生认为通过翻转课堂，其语言综合能力得到了提升。但通过调查也看到，尽管84.61%的学生认为与同学一起互动交流有助于深入理解学习内容，但在实际的课堂中有25%的学生不能主动与同学一起交流，且大部分学生认为翻转课堂需要课后投入大量的时间，一定程度上增加了课业负担。

“翻转课堂”实现了从以教师为中心到以学生为中心的教学观念的改变，为对外汉语教学提供了新的教学思路，教师应在语言实践中不断探索，提升语言教学质量，培养符合时代需要的语言人才。

第十节　汉英语言对比在对外汉语教学中的应用

对以英语为背景的留学生进行汉语教学的时候，既要建立在汉英语言比较的理论之上，又要为汉英语言比较提供理论素材。本节就是对汉英语言进行对比，目的是弄清英汉句子结构上的不同，为留学生在汉语语言学习方面提供帮助，为对外汉语教师在教学方面提供一些有益的参考和借鉴。

第一语言的习得通常在自然环境中完成，而第二语言的学习主要在课堂教学中实现。学生在学习第二语言的开始阶段，就必然会自觉或不自觉地进行两种语言的对比。吕叔湘先生在《中国人学英语》中指出“我相信，对于中国学生最有帮助的是让他们认识英语和汉语的差别”。这句话同样适用于外国学生。任何一种语言的特色都是在与别种语言的比较中显现出来的。目前英语已经成为“准国际语”，大部分留学生都能或多或少地使用英语交际，教师在课堂上使用的媒介语通常也是英语。从这一实际情况出发的汉英对比分析，不仅具有可操作性，还有示范性，学生即使不熟悉英语，也可以仿照汉英对比来进行汉语与母语的对比。因此，适当地进行汉英对比分析，可以发挥成人的思维优势和母语能力的作用，是符合第二语言教学规律的。

一、汉英语言对比

（一）语意型语言与形态型语言

汉语属于语意型语言，缺少严格意义的形态变化，以意统形。例如，“老师们中的‘们’”“同学们中的‘们’”“我的爸爸中的‘的’”“认真的态度中的‘的’”等，它们在词尾变化时，词性不改，只改变词意。句子内部是隐性连贯的，句意之间是并列的关系。而英语属于形态型语言，它保留了一些形态变化，以形取意。例如，英语中的“number”“case”“gender”等都具有显性连接的特征标记，句意之间是从属的关系。

（二）狮子型语言与孔雀型语言

汉语属于狮子型语言，汉语的句子特点是前置、向左延伸的。例如，“树”可以向左延伸成“一棵树”“一棵大树”“一棵枝繁叶茂的大树”“校园里一棵枝繁叶茂的大树”等；而英语属于孔雀型语言，英语句子的特点是向右延伸的。例如，“This is the cat." 可向右延伸成 "This is the cat that killed the rat." "This is the cat that killed the rat that ate the malt." "This is the cat that killed the rat that ate the malt that lay in the house." 等。

（三）视点流动与视点固定

以 "Tom didn't go to school today，did he？" "No，he didn't." 为例，答句用汉语解释为 "不，他没去"。而用英语解释为 "是的，他没去"。这说明汉语的视点是流动的，而英语的视点是固定的。又如对 "can" 和 "can't" 的翻译，在英语中，只是翻译成 "会" 或者 "不会"，视点是固定的；但在汉语中的解释就多种多样了，可以译为 "揍、敢、试、瞧、怕、逃" 等，视点是流动的。

（四）竹式结构与树式结构

汉语是竹式结构的。例如，"从前这里有一个渔村，村里住着十户人家，这十户人家全靠打鱼、种地为生，生活艰苦，但很安宁"。这个句子看似是连在一起的，但是分开也是成立的，就像竹子的各个部分被连在一起一样，但又相对独立而自成一体。而英语是树式结构的。例如，"As a nation of gifted people who comprise about one-fourth of the total population of the earth，China plays in world affairs a role that can only grow more important in the years ahead."，这句话以总—分的形式介绍了中国，很明显是典型的树式结构。

（五）话题突出型语言与主语突出型语言

"话题—评论结构" 的框架是汉语句法结构的体现。例如，"我的小孙子他很调皮"。这个句子前面为话题，后面是对话题的阐述，符合汉语句子的结构。话题和评论之间不存在形式一致的关系，但话题一定是说话人想要强调的对象，位于句首，是典型的话题突出型语言；而英语句子是 "主语—谓语结构" 的框架，上述的句子在英语中是 "My little grandson is very naughty."，是主语突出型语言。

（六）语序相对固定与语序相对灵活

（1）按照时间先后的顺序来说，汉语句子是对客观事实的描写，动作是事件展开的主线，最典型的就是流水句。例如，"我恍然大悟似的，便跑向少有人去的一间堆积杂物的小屋去，推开门，果然就在尘封的什物堆中发现了他"。这句话通过 "恍然大悟—跑向—去—推开—发现" 这些表示心理和动作变化的词语，生动刻画了作者急促寻找的过程。上述例句用英语可以说 "Suddenly，as if awakened by some prompting，I rushed to a small room there that was forsaken and used as a storeroom for odd sand ends.I pushed the door open and，as I expected，founding him nestling in the dusty sundries."。可以看出，英语也同样遵循时间顺序。把汉语翻译成英语时，首先必须考虑主谓语结构、句子连接形式以及其他相关的形式要求。

（2）按照空间大小顺序来说，一般是指用来描写时间和空间的大小、远近和宽窄的句子。汉语的描写一般尊重大小律，从大到小、从整体到局部到细节、从宽到窄、从远到近，符合人们观察周围世界的基本顺序，是有逻辑的。例如，“那是力争上游的一种树，笔直的干，笔直的枝”。这一句是从整体到局部，首先说整体的“树”，其次谈“干”，最后描写“枝”；这句话在英语中表示为“With straight trunks and branches，white poplars aim high.”。英语句子的构建首先考虑主谓结构，然后安排空间顺序，基本与汉语的情况相反，从小着手，逐步扩大。

（3）按照重轻顺序来说，为了表达的准确，汉语对常位语序进行变异，造成句子重心的变化、语义的调整，常常出现“重要的事先说，先想到的先说”的句子，遵循“句首重心功能性变位重心”和“句中重心”原则。例如，“这么慢吞吞地，咱们啥时能走到”？通过功能性变位，这一句的句首部分成为说话者要强调的内容。汉语的重轻顺序表现为重要的在前面，次要的在后面，大的在前面，小的在后面，严重的在前面，一般的在后面。在英语中，这句话是“When shall get there at such a pace.”所以说，英语和汉语是相反的，它更注重重的、大的，遵循“尾着重”原则。

（4）按照逻辑顺序来说，“因果关系”是这一类句子的总称，包括条件—结果、假设—结果、比较—结果和原因—结果等。因果句遵循的是事物发展的规律，汉语一般遵循“先因后果”的顺序，以隐性的方式组织，“尽在不言中”，体现汉语的高度简约，是汉语重要的组句手段。例如，“天色黑了，也不让茶让酒，我还到那边有点事去，你竟请回去”。这句话为原因—结果关系句，结果在后面，语序相对稳定，逻辑关系都呈意合方式，内含于句内。在英语中，这句话为“It’s dark now so I won’t invite you to have a drink. I have some business to see to. You’d better go back.”。可以看出来，英语的“因”和“果”的顺序很自由，可以“先因后果”，也可“先果后因”，有关联词语做标记。因此，汉语句子的语序是相对固定的，而英语中句子的语序是相对灵活的。

二、汉英语言对比与对外汉语教学

汉语作为第二语言的语言教学，不是向学习者照本宣科地讲授语法知识。因为在外国人看来，汉语语法规律不像其他语言的语法那样严密，不少语法规律甚至难以归纳，而且时常出现各种例外，这就决定了我们在对外汉语教学中，要更多地关注句法，而无须把教学的侧重点放在句子的语用意义上，尤其在针对初级汉语水平的学生的对外汉语教学中。因为，外国留学生在学习汉语的基础阶段掌握的语法规则比较少，而且他们的词汇量又有限。因此，在这一阶段的教学中，我们应该将汉语的教学内容尽量具体化、细致化，这对学生开始学习造句非常有用。如果对于汉语初级水平的留学生，直接把语法枯燥地教授给他们，会让他们对本来就已经让很多人望而却步的汉语产生畏惧。虽然语法很复杂，汉语的教学目标不是以使学生们掌握实际的语法规则为主，而是尽量使学生们能在短时间内正确地运用汉语表情达意、遣词造句。

本节从宏观方面对汉语和英语进行比较研究，得出了 6 种汉英语言对比的结果。此外，还提到了汉英语言对比与对外汉语教学的关系。只有清楚了汉语和英语的不同，才能更好地进行对外汉语教学。对汉语和英语进行对比分析，是有助于我们开展教学活动的。

第十一节　体态语在对外汉语教学中的应用

在对外汉语教师的交际中，非语言交际占据了交际的很大一部分，体态语又是非语言交际的重要组成部分。在对外汉语教学中教师要重视体态语的运用。运用得好可以促进学生的学习，运用得不好或者是不了解学生一些肢体语言的禁忌，很有可能教师在课堂中的一些动作或行为会引起学生们的不满甚至是反感。本节从体态语的概念、功能、在对外汉语教学中的应用以及对对外汉语教学的建议等几个方面进行阐述。

一、教师的体态语简述

（一）教师体态语的概念

教师的体态语是相对于对外汉语教师这个特定的群体来说的，主要是教师在教学过程中除了语言以外的交际方式。比如教师的表情、眼神、手势、身姿等，可以用来作为进行交际表达意义的手段，我们称之为教师体态语交际。

（二）教师体态语的分类

（1）身体动作语言。教师的身体动作语言是通过教师的身体做出不同动作，来表达不同的意义的。教师课堂体态语表达得正确，课堂的氛围会变得特别融洽，并且留给学生不一样的感觉。如果教师端正地站在讲台上，学生们回答问题的时候，教师悄悄地走到学生们的旁边，认真听学生们的发言，不时地对学生微笑或点头，这就会让学生有一种特别亲切的感觉。

（2）手部动作。在对外汉语课堂中，教师的手势语用来辅助自己的教学。手势有些时候可以变成一些教学的“道具”。比如在讲解声母或韵母的发音时可以用手势来模拟。

（3）面部表情。教师的面部表情可以传达教师的个人情感。教师可以巧妙地将面部表情运用到对外汉语教学中。教师在教学时，用目光扫视着整个班级，让学生感觉到教师始终是在关注着自己的，会让学生感觉到亲切和被信任。而不是目光始终注视着班级里成绩比较好的学生。当学生回答完一个问题的时候，教师可以给学生一个点头动作，学生得到一个正向的反馈后，其学习动力会更强。

二、教师体态语在对外汉语教学中的作用

（一）体态语对语音教学的作用

语音教学在对外汉语教学中占据着重要的地位。体态语在对外汉语的语音教学中可以体现出来。比如，我们教“z”的发音时，可以用“手势法”比画一下“z”是如何发音的。左手弯曲向下（手心朝下），手指尖告诉学生这是牙齿。右手心弯曲向上，指尖抵住左手指尖，告诉学生右手就是“舌头”，右手指尖就是舌尖。这样学生对“z”的大体发音情况就有了更加直观的感受。

（二）体态语对词汇教学的作用

词汇是由词和语汇两部分组成的，下面我们谈一下体态语对词汇教学的作用。教师在教学生动词的时候，可以把体态语用在教学过程中。比如我们学习“吃”“喝”“走”“跑”这类动作的时候，我们可以在学生面前模拟一个“吃”的动作，让学生领悟到原来这个动作就是“吃”，只要是给学生做一下示范，学生自然就会明白。

通过面部表情的变化可以给学生讲解部分抽象名词之间的差别。如“哭”和“号啕大哭”，虽然这两个词都表示“哭”的含义，但是它们在程度上却不一样。教师通过面部表情的变化来讲解这两个词语含义的差别。讲解“哭”这个词时，给学生示范教师是由于痛苦或是高兴而流下眼泪，表演的动作不要特别夸张。当表演“号啕大哭”时，教师的表情可以适当夸张一些，也可以张开嘴，朝着天大哭。后者相较于前者情绪宣泄得更加强烈。通过这两种表情对比让学生理解这两个词语之间的差别。

（三）体态语对语法教学的作用

语法是组成句子的规则，没有语法制约，空有一些词汇和短语，就像是一盘散沙一样，毫无顺序可言，语法的作用在对外汉语教学中也不可小觑。

教师通过“体态”给学生讲解“趋向补语”这个语法点，学生听完觉得受益匪浅。在学习的过程中，教师改变了平时上课时讲解语法的套路，把体态语融入语法教学中。教师上课时打了一套太极拳，学生们看到之后都很兴奋，这也调动了学生学习的积极性。教师对太极拳的动作进行分解，其中有几个姿势分别是：手心“向下”，脚尖抬

“起来”，把气呼“出来”等，通过这些动作的复述，学生对“趋向补语”这个语法点进行理解。同时还可找学生模仿教师的动作，模仿时不断对学生进行强化，让全体学生一块用“趋向补语”描述动作，这样学习语法确实很有效果。

（四）体态语对汉字教学的作用

汉字是我们汉语中比较特殊的一部分，汉字不同于其他语系的文字系统，汉字成为学生学习过程中的难点。

在对外汉语教学中，教一些比较形象的字时，我们可以适当地使用体态语进行教学。比如我们讲解“大”这个字的时候，可以在课堂上将两只手伸平，两条腿张开，身形像是一个“大”字的字形，给学生进行示范，让学生自己去理解这个字。

三、教师体态语在教学中运用的建议

（一）对外汉语教师要用好体态语

我们了解到相同的体态语在不同的国家的含义是不一样的，这就说明我们对外汉语教师要对不同国家的体态语有所了解。教学中尽量将自己的表情和体态语运用到教学中。但在上课之前就要进行充分的准备和练习，避免在课堂上即兴发挥，这样很容易出现问题，会让学生误解。比如教师在课堂中朝着一个回答问题不正确或是发音有问题的学生微笑一下，点下头，很可能会对学生起到很大的鼓励作用。学生很可能就会喜欢这位教师的课，甚至会更喜欢学习汉语。体态语很重要，以至于我们在课堂上的微笑的开口度、手臂伸展的幅度这些都要细细揣摩，还要不断进行修正，也要注意在课堂上使用体态语的时候要适度，不能过分依赖体态语。

（二）了解不同文化下的体态语，避免交际冲突

有些体态在我们汉文化圈内是很正常的行为，但是换了一种文化背景，再做相同的动作，它的含义就不同了，有些时候甚至会引发文化冲突。比如，“用手指在太阳穴旁边画圈”这个动作，在汉文化圈内，可能是表达让别人动动脑筋，仔细思考一下问题。而英美国家，要是做出相同的动作，他们会觉得你这种行为很古怪，很难让别人理解。这个例子提示我们，虽然体态语相似，但是其在不同文化中的含义是有差异的。因此在教学之前要充分了解学生所在国家的体态交际文化所代表的含义，不同国家之间的体态语有很多，我们要在教学的过程中不断摸索，不断积累。这些问题都是客观存在的，我们要学会慢慢地去适应不同国家体态语的差异。

第十二节 逆向法在对外汉语教学中的借鉴及应用

钟道隆先生所创立的英语学习逆向法是一种很符合学生学习第二语言的学习方法，是可以帮助教师取得良好教学效果的方法，在对外汉语教学中同样值得借鉴。但这种方法也存在一定的局限性，因此，在对外汉语教学中，若对逆向法进行一些合理的变通和借鉴，对解决现在的对外汉语教学中遗留的一些难题是很有帮助的。

近些年来，随着我国留学生数量的逐渐庞大，在广大对外汉语教师的共同努力下，我国对外汉语教学法方面的研究和应用也已取得了长足的发展。其中很多方法都是借鉴了国外最新语言教学实践理论的经验。本节将基于这些优秀方法中的逆向法在对外汉语教学中的应用和借鉴进行探究和讨论。

一、留学生的汉语学习存在的问题

留学生的汉语学习存在的问题集中表现在以下几个方面：有很多学生已经有了许多年的汉语学习史，掌握着巨大的词汇量，阅读能力比较强，对于汉语的语法很熟悉，但是一旦到自己使用的时候，就会漏洞百出，无法正确地使用语法，导致在对话时只能够使用简单的词汇，这严重影响了留学生在汉语环境中的正常交流。通常我们认为具备汉语环境有利于留学生更好地接受和使用汉语。来到中国，只要长期使用目的语和中国人进行交流，留学生的汉语水平就可以大幅度提升。可事实并非如此，很多留学生尽管已经身处中国，且能够使用简单的句子应对日常生活中与中国人的交流，但一旦涉及较长的句子，或结构较为复杂的句子，他们就丈二和尚摸不着头脑，即便对已经在中国生活了一两年的留学生来说也是如此。另外，还有一部分学生，由于性格使然，天生比较内向，即便身在中国，日常交流的不积极也是他们汉语水平提升缓慢的主要原因之一。另有一部分留学生，待在中国却依然更倾向于找本国人交流，对于汉语的使用同样处于被动状态。因此，也阻碍了汉语的学习。还有一小部分学生对汉语的学习抱有消极情绪，认为书本学习似乎没有很大的作用，不深入学习，导致很多词汇在需要时根本无法正确使用。

二、逆向法的具体使用

袁道隆先生是我国著名的英语研究教育专家，经过多年的践行和实验，他提出来一种英语教育法，名为逆向法。钟先生本人生平有四十多年的英语口语学习的经验，并且成功成为一名翻译者，以此经历，他总结出了“学习逆向法”，即为听说读写背五法。其中的新观点在于推翻急于求成的学习态度，提倡长久的学习、坚持学习、稳中求进。并且一定要先扎实学习基础知识之后进行强化，不仅是记忆的强化，更是使用方法的强化，坚持对于词句的细致学习。只要坚持这样的学习态度和学习方法，学习就会事半功倍。最终会发现，原本计划的学习内容，能在较短的时间内达到预期效果。当具体进行这种学习方法的操作时，“听”和“写”的方法意味着学习者应该在听一段没有文本的录音时，根据自己听的内容，用笔记录下来，第一步是写出自己能听懂的地方，实在听不懂的部分就进行重复，直到自己能写出来为止。“说”和“背”的方法在于将自己记录下来的文字反复阅读，反复刺激，逐渐加深印象，之后达到能够背下来的程度。做好这些之后就剩下“想”的部分了，“想”在于将自己没能理解的部分进行整理，总结出经验教训，同时结合自己的知识储备，对于这次的学习内容进行总结，最后用自己的方法内化进自己的知识系统中，这就是用思考促进知识消化的过程，这个过程可以使记忆更加深刻。除此之外，逆向法的一个重要方法还有“回译”，这意味着可以把汉语翻译成英语，再将英语翻译成汉语，如此反复进行互译练习，更有利于翻译水平的提高。这一方法的提出，考虑到一个重要的点，当翻译者顺向思维考虑自己的题目时，就会觉得文章内容比较简单，单词和语法好像自己都明白，没有困难的地方。但是当其进行逆向练习的时候，除非其对于全部内容十分了解，否则其在进行翻译时就会无从下手，所有词汇和语法好像记忆全无，不停卡顿，错误百出等。因此，通过这样的逆向法训练，翻译学习一定会有很大的进步。

逆向法所针对的是英语学习中因为急于求成、好高骛远然而导致的欲速不达，具体表现为基础知识不够扎实，学习的效率比较低下，过于频繁地改变学习方法从而导致学生最终失去对学习的兴趣等。这些现象都很好地吻合了留学生学习汉语时的问题。逆向法如果可以做到合理运用也能达到事半功倍的效果。我们可以采取拿来主义，然后再对这种方法进行合理的改造和完善，让它服务于我们的对外汉语教学。具体来说，首先，我们要降低难度，例如我们应该使用现成的文本，去利用教材中的文字材料作为依托；然后将“背”改为“译”。这样就可以把钟道隆先生的“说、写、听、想、背”改为“听、写、说、译、想”五个环节。“听和写”仍然是原来那样反复地播放录音，去指导学生听写，这个环节可以锻炼学生的听的能力，还可以让学生对自己的难点有深刻的印象，同时还有利于教师对学生现有的知识情况做一个较为细致的了解。在“听和写”的基础上去指导学生“说”的能力，“说”是可以让学生自己去读，也可以是学生们在对材料文本理解的基础上的模仿交流和对话联系。“译”则是把自己的母语的译文一字一句地翻译成汉语，再和原文进行对比，直到学生可以把母语轻松地翻译成汉语的意思。虽然钟道隆先生并没有把这种翻译作为逆向法的重点，可是“译”恰好是我们在对外汉语教学时特别要强调的地方。“译”能够在很大程度上去减轻“背”所带来的痛苦，尤其是对于一些欧美等国家几乎没有背诵习惯的留学生来说更加有效，且“译”也可以做到更加节约时间，更加高效。

逆向法的合理改善和运用可以很好地帮助教师进行对外汉语教学，通过降低汉语学习难度，改“背”为“译”的方法可以让留学生们更好地学习汉语，逆向法的借鉴和应用仍然是以后教师们的重点探究课题。

第十三节 体验式文化教学在对外汉语教学中的应用

文化彰显着一个国家的精神价值，中国与世界各国的交流合作日益密切，在此背景下，提高本国文化的国际影响力，传播本民族优秀传统文化是对外汉语教师应肩负的责任。对外汉语教学是一种跨文化的语言教学活动，不仅要教给学生必要的语言知识，还要让学生掌握语言背后的文化内容。体验式文化教学近年来也备受关注。

一、文化融入在对外汉语教学中的重要意义

对外汉语教学是以习得汉语作为实际应用交际的一种有目的性的教学。要想进一步学好汉语，绝不能割裂文化与语言教学之间的关系。文化往往会起到辅助教学、提升教学实效的作用。任何一个民族都有自己的民族特点，在长期发展过程中，积累和沉淀了很多宝贵的文化资源。这种民族文化又渗透到人们生活的方方面面，同时也影响着语言这一载体。虽然在交际过程中我们简化了对语言文化的理解与掌握，但无论是语构、语义、语用，无一不是一个国家或民族文化内涵和思维方式的体现。如在教“合成词”时，前缀“老”“阿”，构成“老乡”“阿毛”等词时，表现出亲昵或喜爱的感情色彩；而“小人”也并非外国人最初理解的“小孩儿”的意思；“喜酒”“喜糖”也并不是自己喜欢喝的酒、喜欢吃的糖。除此之外，在语言的运用上，如“明儿”“害臊”“身子骨”“聊天儿”等词语只能出现在口语中，在书面语中我们则使用“明天”“害羞”“身体”“谈话”等正式词语。又如，中国人日常打招呼的方式，“看书呢”“洗衣服呢”“你去哪儿”“你今年多大了”等，外国人很难理解这种明知故问和他们认为有一些涉及隐私的问题。这些语言背后的文化内涵如果不了解，就会对语言的学习和理解造成很大的阻碍或使汉语学习停滞不前。对外汉语教学可以通过情景与教学相结合，让学习者真正理解所学的语言。教“小人”一词时，可以结合过新年时的情景，传统的中国人喜欢“踩小人”（穿脚底带“小人”的红袜子），那“小人”的意思是好还是坏，学生很容易就可以理解了。又比如说“喜酒”“喜糖”，可以结合婚礼的现场、中国婚礼的习俗等一并讲解，能增加学习的趣味性。语用文化，也是对外汉语教学的重点所在，文化的课堂导入与融入是以学习实际的语言交际能力为宗旨的。《国

际汉语教师标准》中也要求教师应了解中国民俗文化的基本知识，并运用于教学中，包括传统节日、饮食文化、服饰文化、婚丧礼俗、习俗与禁忌、地域民俗、民间工艺等。要让来华留学生可以更轻松自如地与中国人交流并融入这种文化氛围中，就需要教师结合实际情况，根据课堂涉及内容有针对性地进行课堂设计，达到辅助延伸教学的目的。

二、体验式文化教学在对外汉语教学中的应用分析

早在春秋战国时期，《淮南子》提出“圣人以身体之”，就体现了体验式教学的思想。将一定的文化因素融入学习者的具体体验之中，学习者对学习过程中的体验进行反思、总结，将所学知识内化，并指导以后的日常生活，反复应用于实践，且在实践中再次具体体验，形成反复循环的体验学习系统。在这个模式下，学习者的角色由知识的被动接受者转换为主动构建者，用这种学生喜闻乐见的学习形式去辅助课堂教学，提升教学效果。

2018 年 10 月，笔者针对来华留学生在汉语学习过程中对中国文化的兴趣、需求及存在的问题等对桂林航天工业学院不同阶段汉语水平的留学生进行了网络问卷调查。参与此次调查的有来自印度尼西亚、老挝、越南、泰国、美国、哥伦比亚、赤道几内亚、喀麦隆、卢旺达、科特迪瓦、斯威士兰、刚果金等十多个国别的 30 位留学生。根据调查数据统计可知，中国文化很受留学生喜欢，80% 的留学生认为学习中国文化对汉语学习有帮助；73% 的留学生希望通过体验的方式学习中国文化；75% 的留学生认为传统的课堂教学无法满足需求，希望通过旅游或者情景体验的方式进行文化学习。因此，笔者认为留学生对中国文化的学习有迫切的需求，但传统语言课堂教学或文化专题课的开设已经无法满足对外汉语学习者的兴趣需求，故笔者主张让学生在具体的文化体验活动中学习中国的民俗文化，了解中国传统文化的内涵，进而提高汉语学习的效果。

三、体验式文化教学在对外汉语教学中的初探

从对外汉语教育的角度出发，体验主要是指留学生在对事物的真切感受和深刻理解的基础上产生情感共鸣并生成概念的活动。

（一）体验式文化教学的形式

学生是学习体验的主体。体验主体的亲身经历，可以是实践层面上的真实行动，如学习者通过去中国餐厅点餐、去水果摊买水果、去超市购物、一起在食堂包饺子等具体实际行动去亲身经历某件事，获取直接经验；也可以是学习者在心理上模拟亲历

某件事，通过教师课堂引导、同学模拟表演、多媒体播放等方式，调动头脑中已有的知识体验，对某种情境和过程展开丰富联想，产生移情性理解，获取间接经验。简而言之，就是学习者虚拟地去经历某个情景或某件事，从而获得相应的情感和认识。相比之下，实践体验更具有情感性、意义性，能给学生以直观的感受，教学效果也更为理想。

（二）体验式文化教学的具体方法

1. 直观感受法

教师可以根据课程的内容加以设计，通过直感导入课堂教学，让学习者尽快产生情感共鸣。如讲《京剧我看得懂但是听不懂》时，课前可以播放一段京剧节选，让学生了解什么是京剧，也可以让学生试着唱几句；讲解《为什么把“福”字倒贴在门上》时可以向学生介绍中国人过春节时的传统活动，展示倒“福”或现场倒贴福字在门上等。

2. 情景模拟法

通过场景布置，让学生分角色进行表演。如讲《在饭馆儿》的内容时，可以让学生分别扮演顾客和服务员，准备好菜单、桌布等，让学生进行角色扮演，通过使用语的不断强化操练和表演场景的直观体验，让学习者主动去参与、去操练，并能在以后的生活中学会应用，能很好地达到教学目的。除此之外，还可以让学生自己动手去做，在做中学，做中感受。如剪纸、编中国结、写毛笔字等，动手操作是最佳的学习方式。

3. 实践体验法

实践体验法是通过组织学习者参与某项社会活动，在一定的教育目的前提下，进行课堂外的体验式教学。这就需要教师必须在活动前做好充分的准备方案和教案设计。比如组织留学生去体验中医馆、去商场买衣服、参观博物馆、游览历史古迹、体验少数民族文化等，从实践中收获知识，获得体会，加深对中国文化的印象。通过多年的教学经验分析和对留学生的访问调查，多数学生认为实践体验法是目前教学中比较新颖、喜欢接受的学习形式。但由于受到课程设置、学校制度等限制，很难大范围开展，对教师要求也比较高，教师要先选好教学主题，做好活动预案，根据学习主题去设计教学活动，将学习的主题作为系统的核心，贯穿、渗透、联结教学活动系统的各个基本环节。值得注意的是，必须区分教学对象的汉语层次，根据教学对象的认知特点、兴趣特点以及教学目标来制订学习计划。

体验式文化学习对汉语学习具有辅助作用得到了广大留学生的充分肯定，学习者希望在轻松愉悦的文化体验活动中掌握中国传统文化，促进汉语学习。对外汉语教师在课堂教学中或多或少都曾使用过体验式教学方法，但相对于课上教学而言，课外实践体验则少之又少，对教师的要求也更高，需要教师提高自身的综合素养，根据留学生的汉语水平，分阶段选择合适的教学内容，采取适当的教学方式，这样才能让体验式文化教学对汉语教学起到锦上添花的作用。

第十四节　游戏教学法在对外汉语教学中的应用

随着我国对外交往的日益增多，学习汉语的外国人越来越多。汉语学习与其他语言的学习有着很大的区别。这就需要广大对外汉语教育工作者在教学的过程中采取合适的方法开展教学，以便于外国人学习汉语。本节就游戏教学法在对外汉语教学中的应用进行了探讨，以为对外汉语教学提供参考。

随着对外交往的日益频繁，世界各国学习汉语的热情越来越高，对外汉语教学也从阶段性、业余性的学习走向了专业化、学科化的学习。很多人在学习汉语时感到内容很枯燥、不易理解，这不仅是学习的人遇到的困难，同时也是对外汉语教学工作者在教学工作中遇到的难题。面对这样的情况，一些对外汉语教学工作者认为，在对外汉语的教学中，引入游戏化的教学方式不仅可以活跃课堂的教学氛围，同时也可以把枯燥的教学内容活化起来，帮助学生理解，进而达到提高教学效果的目的。

一、游戏教学法的特点

（一）游戏教学法可以激发学生学习汉语的兴趣

通过统计，很多外国人在学习汉语时存在着畏难情绪，对汉语学习的内容望而生畏。面对这样的情况，对外汉语教育工作者就应当结合教学工作的实际，对教学的方法进行创新改造，以达到提高学生学习兴趣的目的。就游戏教学法来讲，其是把学生作为开展教学活动的主体，而教师成了教学过程的参与者、指导者，这种角色的转变使教师与学生的交流更为顺畅，学生学习汉语的积极性也充分地调动了起来，有效促进了教学工作的开展。

（二）游戏教学法可以有效提高课堂教学效率

在对外汉语的课堂教学中，如何提高课堂的教学效率，是每一个对外汉语教学工作者所要解决的关键问题。而面对学生学习兴趣不高这个影响课堂效率的难题，如何改善教学方法以提高学生学习兴趣，就成了教师教学工作中要解决的首要问题。游戏教学法是广大对外汉语教学工作者经过长期以来的工作实践总结得来的，可以使学生在很短的时间内，通过生活化的教学方式使要学的内容更加生活化，更加便于理解，同时，也使课堂教学的氛围更加活跃，使汉语课堂教学的效率大大提高。

（三）游戏教学法有利于学生对所掌握知识的巩固和提高

作为一门语言学科，汉语在学习的过程中需要经常性地进行复习巩固。但是在实际当中，很多学生在学习之后没有能够及时进行有效的复习，造成课堂教学的效果大打折扣，从而导致对所学内容的遗忘。通过游戏教学法，利用能够亲身参加、切身感受的方式，学生能够直观地感受到知识的内容，并且通过游戏可以促使学生主动地发挥学习的能动性和主动性，将注意力集中到所学内容上并应用于实际生活当中，从而达到巩固所学知识的目的。

（四）游戏教学法可以在学生与教师之间构建良好的沟通方式

以讲练为主是传统对外汉语教学中采用的主要教学方法，在这样的教学环境中，学生只是单纯地听，教师也是在简单地讲，教师与学生之间的有效沟通也很少，往往会出现下课之后教师不认识学生，学生也不知道教师的情况。通过游戏化的教学方法，教师与学生之间的沟通方式呈现出了多样化，沟通的机会较传统的教学方式也大大增多，教师与学生之间的有效沟通也多起来，学习的氛围得到了有效的改善，学生也会更愿意与教师进行沟通，学习的效果也得到了有效提升。

二、游戏教学法在对外汉语教学中的应用策略

（一）合理选择游戏教学的形式，切合教学开展的需要

就游戏教学自身来讲，方式和方法都很灵活，不同的方式方法所产生的效果也大有不同。因此，在具体应用当中，教师要根据教学内容的安排，合理设计游戏教学的形式和方式，找准开展游戏教学的时机，在不同的教学阶段采用不同的教学方法，促进教学效果的改善。在教学的导入阶段，往往比较单调，这个时候如果采用游戏教学法，一方面可以调动学生的学习热情，让他们更积极地参与进来，另一方面，这个阶段采用这种教学方式，效果也会更好。又比如，在讲述新课程的时候，单调地模仿书本对话往往比较枯燥，学生的兴趣难以被调动，而且很多内容刚开始难以理解，如果以游戏的形式让大家对课程内容有所了解的话，可以很快地让大家进入状态，并通过大量的练习更好地对新内容进行掌握。在学新句型或者新词的时候，如果进行传话游戏，具体的操作就是，教师只将新的句子或者词语告诉第一个人，然后第二个人再悄悄告诉第三个人，传到最后一个人的时候，让他把大家告诉他的信息公布出来，看看他得到的是什么信息，这不仅能让所有人都知道自己存在的问题，而且经过这么多的传话之后，结果往往会与刚开始相差较大，能起到一定的喜剧效果，让大家记忆更深刻。

（二）采用多元化的教学模式

汉语作为一门语言类的学科，其在具体学习过程之中还存在学习内容比较枯燥以及学习知识量过大等诸多问题，这也就直接影响到了学生们对于这门学科的学习兴趣，因此在高校的汉语教学过程之中，也就要求教师们能够借助于多样化的教学模式来进行教学，比如通过多媒体教学的模式来进行一些汉语视频的播放，然后对视频中所出现的一些语法问题和汉语应用技巧进行讲解，从而使得学生们的学习兴趣得以提升。此外教师们还可以从一些汉语习俗以及节日入手，并在此基础上延伸出一些古代的神话与故事，这样不仅仅能够使得学生们更加积极地投入汉语学习过程之中，还能够使其对汉语在人文方面的内涵有一个清晰的了解，这也是增加学生知识储备的好方式。

（三）游戏教学

游戏教学要注意调动学生的积极性，保证所有学生参加，让每位参与学习的学生都能有机会运用汉语交流。

学习汉语的人来自不同的国家，个体差异相当大。有的学生活泼好动，愿说愿做，有的学生相当腼腆，不愿参与到课堂活动中去。再者，游戏教学是由教师设计的而不是学生自发采用的。游戏教学具有明确的目的性，教师是游戏的创造者、组织者、领导者，从学生的角度而言，其在游戏中是被动的。如何化被动为主动，让学生自觉自愿地参与到游戏中来，应是教师关注的重点。首先，教师要明确教学目的并熟练掌握教学内容，将教学目的和内容与游戏的内容和规则巧妙地结合起来，将教材内容真正融合在游戏活动中，让学生玩有所得。教师要了解本班学生的身心发展水平、活动特点及兴趣爱好，科学合理地安排游戏的形式，增强游戏的趣味性、竞争性，让游戏本身具有无穷的魅力，吸引留学生不由自主地参与到游戏中。其次，在游戏过程中教师要注意及时指导、适时鼓励，让缺乏自信心的同学有勇气参与并完成游戏。最后，鼓励学生在游戏的过程中有所创新，并在课堂教学中推广实施，让学生不仅仅做参与者，还成为创造者，让全体同学与他一起分享创造成功的快乐。

随着世界交流的增多、交流范围的扩大，汉语的应用变得越来越重要。作为对外汉语教育的工作者，其要对现有的教学思想、教学方法进行创新、创造，特别是要认真研究游戏教学法在对外汉语教学中的重要作用，开拓思路，创新方法，提高教学效果，扩大汉语的影响范围，使汉语成为传播文化、促进交流的重要载体。

第十五节 汉字理据属性在对外汉语教学中的应用

汉字教学在对外汉语教学中一直是一个不容忽视的教学重点，许多来华留学生在汉语学习中普遍存在的问题是，口语和听力水平较高，但阅读和书写能力偏弱，这与汉字本身存在的文化和非汉字亲属文化圈有关系，因此，在分析汉字结构特点的基础上，能够找出最具有代表性的不同，理据属性的特点在对外汉语教学中的应用将会对对外汉语教学起到很好的效果。

汉字作为汉语学习中的一个部分，是必不可少的，但又是难以掌握的，那么如何能够化难为简，这是我们在汉语教学中需要重点分析和研究的一个问题，在对亲属和非亲属文化圈进行分析对比之后，了解汉字的特点和难点，对重点部分能够运用并转换，了解理据部分在对外汉语的各个阶段如何应用，这样才能更加有助于汉语教学，减轻教师和学生的压力，起到积极的、正面的作用。

汉字不同于字母文字，李运富先生从几个方面将汉字和英文进行了对比，得出了汉字并不存在比英文字数多而难的特点，但我们仍然需要对汉字特点进行分析，总体分析，宏观把握，才能知道从哪里下手，简化教学。

汉字最主要的特点是它属于表意体系的文字，用符号（字形）来直接表示语义，这是与表音文字最大的不同，一个汉字的读音是一个音节，但这并不能说汉字是音节文字，因为汉语一个音节可以有多个汉字对应。有人说，“汉语是音素文字，从汉字的象形、指事、会意等造字法可以证明汉字是从意义入手创造出来的。从甲骨文到楷书，一脉相承，字体改变了，但文字性质并没有改变”。那么针对这点，我们可以运用到汉语教学中去，从意义着手。另外，汉字是形体复杂的方块结构，不像拼音文字呈线形排列，而是由笔画构成，那么如何把这些笔画正确地组合起来，这里我们可以结合汉字的意义来讲解，当然汉字书写遵循从左到右、从内到外、从上到下的顺序，这一规律只是起一个辅助作用，对于留学生来说，能写对汉字就是最终目的，如果他们有自己的更加有利于记住汉字的方法，我们应该鼓励，只要适当引导就好。以上两点是关于汉字教学的主要方面，弄清楚汉字特点，有利于汉字教学的准备和开展。

一、汉字与非汉字亲属文化圈对比

汉字文化圈是指曾经用汉字书写历史并受汉字影响的国家。主要包括朝鲜、越南、韩国、蒙古。可见，属于汉字文化圈的这些国家在学习汉字时有很大的相通性，因为其有着共同的汉字意识，对于汉字这样的方块字并不陌生。而对于一直以线条为主的字母学习者来说，汉字对于他们来说完全是一个新领域的认知，用类似图画一样的字去记录一个意思，不同的笔画组合有不同的含义，要想把这么多汉字记住，实在是一大难点，所以他们在书写笔画和理解字义方面都要比汉字文化圈的人费力一些。

进行汉字文化圈和非汉字文化圈的对比，便于我们汉语教学的开展，做到因材施教，有的放矢。而我们教学上的重点也应该考虑如何规划自己的教学计划，分析非汉语学习者的难点，进行总结、归纳，更加系统、简洁、明确地实施自己的教学。

二、汉字的理据属性分析

李运富先生指出“理据单位通常称为构件，指在构造字位、表达语位时具有某种功能的形体。汉字的构件有的起象形作用，有的起标示作用，有的起表义作用，有的起示音作用……构建功能多样，理据模式复杂，正是汉字理据方面的特点”。那么根据汉字的这些特性，我们可以加以运用，在汉字教学中进行分析。

初级阶段，留学生刚刚接触汉字，一堆形体复杂，有着相同部件的汉字只要稍加变换就会有不同的读音，不同的含义，那么这些同形不同理的汉字的构件分析，对于留学生来说是困难的，我们可以少做讲解。

中高级阶段，留学生在汉字的学习上有了一定的基础，他们对中国文化的了解开始加深，也有了兴趣去学习，在这个时候，我们可以对一些汉字进行适当的剖析。加强汉字构造理据教学，对教学的实施和学生的学习都有间接的促进作用。在六书当中，造字的方法有四种，即象形、指事、会意、形声，这四种造字法所造的汉字都能体现其与文化的紧密关系。

比如象形字“女”，在甲骨文中，像一个双臂交叉于胸前跪坐的女子，那么，它反映的是男女在中国古代的明确分工，女子经常纺纱织布，男子则下田干活，因而在田里干力气活的就是男子。

会意字就是将几个独体字组合起来，被组合的字在表意上发生关系，那么这也造就了它必须具备两个条件：第一，形体上是复合结构，第二，几个部分组成之后能产生新意。而会意字表示新义的方式大体有三种：第一，通过各个组成部分结合后所体现的形象表示语义，比如说“囚”，从人从口，由人和被关在四处不通的处所表示囚禁的意思，又如“祝”，从示从人口，“示”在古代一直表示与神灵、祭祀有关，所以我们说表示一个人跪在神前膜拜，开口祈祷；第二：通过各组成部分之间的意念联系说明语义，如“苗”，说明苗是培植、生长在草里的草本植物，而不可错以为草在田之上或之外；第三，通过有关事物特征的联想来反映语义，当然这一点我们是可以忽略不用的，毕竟在对外汉语教学中，所教汉字还是应该以本身意为准，如果一味地靠联想，而不切实际，只会从根本上对汉字学习造成误解，对文化进行误解。

指事字在汉字总量中所占比重较少，大多表示抽象之物，而象形字多表示具体物，所以说，会意字的形体是单纯结构，它的表意结构大多可以分两种：第一，用纯粹的抽象符号构造形体来表示语义，其中任何部分都不是独体字，比如说“上”“下”“回”；第二，在象形字上附加指事性笔画，表示出指示的意向，如“本”“末”“刃”是在“木”和“刀”上加一笔，分别表示树根、树梢和刀口，指事字所记录的词类却比象形字要多，包括名词、动词、形容词，这是我们在分析汉字构造、探寻它所反映的语义时需要留意的。

而最重要的一部分也是在汉字总量中所占比重最多的一部分是形声字，形声字是由表示字义类属的部件和表示字音的部件组成新字，形声字的形旁大都是象形字，如“芬、纷、份、盆”的形旁“艹、纟、亻、皿”，而形旁大多表示字的意义类属，可以帮助了解和区别字的意义，也就是说，我们可以将部首所代表的含义作为着手点来分析，比如说“页”，本义为人头，读 xiè，因为长期的假借而使读音发生了变化，致使“页”的读音也发生了变化。本部字便表示与头颅有关系的词，如“颜（眉目一带）、领（脖子）、硕（大头）、颗（小头）”；“肉”本义为兽、畜之肉，后来做部首大部分都写成了“月”，但它所表示的语义范畴大多是肉体各部位、器官，如“肝、胆、肠、胃”；“手”部一般是与手有关的动作、行为词，比如“指、拇、抚、援（拉）”；再比如“讠”，在汉语中，表示言语或言语行为的结果，如“话、语、说、谈、论”。那么记住这一类字，就可以减轻汉字学习的负担，方便学习。而象形字、指事字、会意字、形声字都可以做声旁，如“沐、沫、湖”的“木、末、胡”，而形旁大多表示字的意义类属，可以帮助了解和区别字的意义。那么通过这些我们可以直接归纳或者类推出一系列的字。

三、理据属性在汉语教学中的应用

上面我们就主要的四种汉字结构进行了简易的分析，目的是让教师在实施教学的过程中对汉字本身存在的意义有一个了解，然后能够使用恰当的方法进行教学。汉字构造理据主要是分析汉字的各部件的意义，那么在运用汉字教学时我们可以就不同类型的汉字进行分析。第一，象形字如果往前追溯可以说是与直接义联系最紧密的，那我们可以在讲解比如说“日、月、川”时用它的甲骨文推演分析。第二，会意字，主要是由两个有意义的独体汉字组合起来的，我们可以把两个汉字的意义讲明白，然后把两个基本义加起来，但是这里需要注意的是，相同的部件有不同的组合形式，那么它会产生不同的含义。李运富老师在理据教学这里提出过“果”和“東”的教学，同样是“日”和“木”的相交，为什么会有不同的读音，有不同的汉字意义，在初级阶段不适合教给留学生，是因为考虑到他们初识汉字，灌输太多，会对学生的认知造成干扰。但是我们可以在中高级阶段就汉字存在的意义进行分析："田"指粮食，"木"指木本植物，合起来是说"树木上面长出来的可以填饱肚子的东西"，引申义指"一切在形状和功能上类似于果实的东西"；而"東""从日在木中"，"表示太阳在木中，指太阳刚刚升起，而太阳升起的地方就是东方"，这样对象不同，却依然可以从汉字的构造角度进行分析。第三，指事字多借助抽象符号来构字，某些字可以适当地构造分析，但因为大多数理解起来比较难，在讲这部分时，不推荐使用这样的方法，所以这里不做太多分析。第四，形声字占汉字很大一部分比重，上面我们做了大量的分析，可以把理据属性运用在汉字教学中，比如说根据声旁和形旁可以归纳出表示一类意义的汉字，有些汉字仅仅是偏旁不同，可以归类为形近字，而这部分汉字可以从部首含义入手进行区分，还有的在汉字的演变过程中渐渐消失基本义，我们也可以进行讲解，让留学生能够在体会中国历史文化的过程中加深对所学汉字的印象，激发学生的热情，使其进行一种有意义识记，而这种建立在特定文化下的汉字，是不容易被忘记的。

上面我们就汉字特点进行了分析，主要选取了汉字的理据属性进行分析，分别从象形、指事、会意、形声四种造字方法来介绍。当然，我们这里需要强调的是理据结构分析其实只是一种辅助手段，是文化与汉字的结合，使用时需要适当，不能仅仅依靠这样一种手段，而这也对汉语教师的基本功有很大的要求，我们不能把简单的汉字教学当成是文化教学，这样违背了汉字教学规律，而汉字教学的方法也是多种多样的，比如说：笔画法，把每个汉字每一笔都拆解开来帮助学生逐渐记忆；操练法，通过大量使用，操练所学汉字；复习法，不断巩固所学汉字。这些都是在实际教学中可以采纳的方法。汉字教学的最终目的是使学生掌握汉字的写法、用法，只要达到这个目的就是好的，我们提倡更多的学者提出便于使用的、有帮助的汉字教学法。

第十六节　沉浸式教学法在对外汉语教学中的应用

作为一种从国外引进的教学法，近些年沉浸式教学法在第二语言中的应用中有了较快的发展。本节综述了沉浸式教学法的国内外研究状况、存在的不足和发展方向，提出了沉浸式教学法对我国对外汉语教学的启示。

沉浸式教学又叫双语教学或双语教育，《朗文语言教学及应用语言学字典》将其解释为："在学校里运用第二语言或外语教学知识性科目。"作为一种全新的第二语言教学模式，沉浸式教学最早出现在加拿大法语区，主张将学生"浸泡"在目的语环境中学习。简而言之，就是不但使用目的语教授目的语课程，而且用目的语教授其他课程。为了解该领域的研究现状，展望其发展方向，笔者采用 CNKI 中国期刊全文数据库检索并选取2006年以来以“沉浸式教学法”为关键词且以“沉浸式教学法在第二语言教学中的应用”为主题的论文，利用检索结果，综述国内外沉浸式教学法的研究现状，对沉浸式教学在对外汉语教学中的应用提出启示。

一、沉浸式教学法综述

（一）沉浸式教学法

源于加拿大法语区的沉浸式教学法包括早期浸入式教学、中期浸入式教学和晚期浸入式教学。早期浸入式即自小学一年级起，儿童在校的一半时间用英语教学，另一半时间用法语教学；中期浸入式即在学生已基本掌握第一语言的基础上的初中阶段进行教学，用第二语言讲授一部分学科课程；晚期浸入式即在牢固掌握第一语言或各学科的专业知识后，浸入在第二语言的环境中学习第二语言，是全天候使用目的语进行教学的全封闭的语言教学项目。

（二）国外对沉浸式教学法的研究概况

从1960年起，加拿大魁北克省蒙特利尔郊区的圣兰伯特学区的幼儿园和小学开始法语沉浸式教学实验。从20世纪80年代开始，法语沉浸式教学在加拿大各地进行推广，每年大约有30多万在校学生接受法语或其他第二语言的沉浸式教学。20世纪60年代晚期，沉浸式教学开始传入美国。2006年，明尼苏达州明尼阿波利斯市的英华汉语学校被批准为美国第一所沉浸式特许学校。目前，美国犹他州共开设五门第二语言的沉浸式教学项目，汉语成为仅次于西班牙语的第二大沉浸式教学项目。

自从加拿大成功施行沉浸式第二语言教学后，对这一教学模式的研究专著逐渐多起来。研究该领域的学者柯林·贝克与琼斯合著《双语现象与双语教育百科全书》，二人侧重于对“双语教育”概念的区别和划分，并将沉浸式双语教育作为重点列入其中。再有弗雷德·吉尼希（Fred Genesee）专注于对沉浸式双语教育模式的研究，其专著《通过两种语言学习：浸没式和双语教育之研究》在沉浸式的教育研究方面享有盛名，书中全面介绍了加拿大和美国的沉浸式双语教学，其言语理论在第二语言教学界具有较高的权威性。德（Day）和夏普森（Shapson）对加拿大的沉浸式第二语言教学做了相关评述，合著了有关沉浸式双语教学的研究专著。汉语作为沉浸式教学项目的研究逐渐开展起来，霍尔德和罗卜对8位沉浸式课堂的教师进行了访谈，他们了解到教师在每节课都需要将两种语言和教学内容自然结合起来，一方面让非母语的学生能够理解自己所说，另一方面保证母语学生获得知识并感受到学习的挑战性和趣味性。林德霍姆是最早开始系统研究汉语沉浸式项目效果的，她研究了加利福尼亚两个学区的汉语双向沉浸式项目，每个项目中都有汉语母语者、英语母语者和汉英双语者。

调查结果显示，经过几年的教学，双向沉浸式项目实现了预期的目标，提高了学生的双语能力、学术水平、跨文化能力。安德森采用开放式问卷调查的方法考察犹他州汉语沉浸式课程学生的父母的态度和动机，调查结果显示，他们选择该课程的原因可分为两类：其一，与汉语有关的因素包括将来就业、教育机会、中国重要性增加、传承语的保持；其二，与汉语无关的因素包括学习一门外语在认知上受益、愿意让孩子接受学业的挑战、学习一门第二语言可以变得更加多元。

（三）国内对沉浸式教学法的研究概况

目前我国教育界对沉浸式教学的认识尚处于引进理论、实验探索阶段。沉浸式教学的推广，首先对我国的双语教育产生影响，中国双语教学始于 1977 年，陕西师范大学教师强海燕在西安六所幼儿园开展英语沉浸式教学，旨在通过英语进行各种学科的教学。上海于 2010 年 8 月 21 日召开基础教育会议，决定在本市建立 100 所双语教育实验学校。目前广州已有近百所中小学开展双语教学。山东省教育科学规划“九五”重点课题《小学双语教学整体改革试验》，获得以北京外国语大学教授陈琳为组长的专家组的一致认可，浙江省在各小学开展双语教学。在对外汉语教学领域，教汉语需要加入新鲜血液，因此孔子学院推出中文沉浸式的教学项目，项目落实后反响较好。

近年来，国内有关沉浸式汉语教学的研究成果逐年增多，从研究内容看，张晓的《沉浸式项目中的汉语学习者个体差异研究》主要是从沉浸式学习者的个体差异研究这些之间的关联及其对学习的影响。孙佳佳的《加拿大“沉浸式”双语教育研究述评》主要是研究、评述加拿大的沉浸式双语教育。林秀琴的《美国“沉浸式”中文教学的特点及面临的问题——以美国明尼苏达大学孔子课堂为例》，以作者的亲身调研为依据，介绍当地的沉浸式教学及面临的相关问题。梁德惠的《美国汉语沉浸式学校教育模式及课程评述》主要介绍了沉浸式汉语教学项目在美国的发展情况，并对汉语沉浸式学校的课程进行分析。李丹青的《美国明尼苏达州光明汉语学校沉浸式教学项目评述》则更细致地评述了光明学校沉浸式项目中存在的问题及其给汉语沉浸式教学带来的关注与思考方向。韩燕选取美国沉浸式汉语教学和美国中小学非沉浸式汉语教学的案例，重点分析了教师话语，还考察对比了两种课堂上教师的话语量、词汇量、话语模态等内容，总结出沉浸式汉语教学课堂互动主要通过指令语和问题进行驱动，教师话语主要采用单语码策略、多模态话语策略。崔永华的《美国小学汉语沉浸式教学的发展、特点和问题》则简要回顾美国小学汉语沉浸式项目的发展，分析这种教学的优势、性质和特点。他认为教学设计要特别注意其外语性和汉语的特殊性，教学方式应以隐性教学为主，同时注意设计一定的显性教学活动。董昕的《沉浸式教学法在大学外语教学中的应用研究》通过对沉浸式教学法的内涵和理论依据的分析，得出其对我国大学外语教学的启示，包括：积极创造良好的语言环境；采用多种教学方法，确保可理解性输入；遵循教育规律，从部分到完全沉浸等。

通过以上研究，我们不难发现，沉浸式教学在国外的发展时间相对较长，且其具备比较成熟的理论根基和实践基础，在海外教学领域也得到一定的推广和发展。我国有关沉浸式教学的研究很匮乏，领域很狭窄，首先，论文研究多是以国外教学实践案例为主，尤其以美国、加拿大的沉浸式项目为多，而后期研究者多将其借鉴用于国内的双语教育及外语教学，涉及对外汉语教学部分的少之又少。其次，有关该项目的研究，国内部分学者主要倾向于以幼儿及小学生为主的早期沉浸式教学，出现中期及后期沉浸式教学研究的断层化。再次，对沉浸式教学模式与国内其他教学模式的对比研究不足。最后，对沉浸式汉语教学缺乏有关沉浸式汉语教材编写、沉浸式汉语教学师资培养及沉浸式课程领导力的研究。下面笔者将通过综述情况提出对沉浸式教学法在第二语言教学中应用的认识及建议，以期为今后的对外汉语教学提供参考与帮助。

二、对沉浸式教学法的思考与展望

（一）沉浸式教学法在第二语言教学中的应用不足

因为沉浸式教学法应用到第二语言教学中的时间比较晚，理论体系还不完善，案例库建设也不完备，所以存在些许不足，尤其是国内沉浸式教学法在第二语言教学中的应用主要是针对我国各级学校的英语教学或过渡性双语的教学，没有完全达到沉浸式教学法的最初理念和最终目的。下面重点分析国内沉浸式教学法在第二语言教学的应用中存在的问题。

1. 沉浸式教学法与国内传统教学法的矛盾不易解决

中国传统的教育模式——应试教育，所用的教学法大多还是填鸭式的教学法，要打破这种教学模式并不是简单易为的。要在第二语言教学中导入沉浸式教学，必须更新教育理念。

2. 教师的整体素质不能够完全胜任沉浸式教学

缺乏适应沉浸式教学模式的教师是沉浸式教学项目中亟待解决的问题。教师在沉浸式教学法中被定位为设计者、引导者、组织者、推动者和参与者。这个定位无疑对教师的综合素质提出更高的要求。

3. 缺乏针对性、实用性教材

一些地区，教材不能及时到位，许多教材都是由目的语教师编写的，直接引用国外的原版教材在使用上有局限性。究其原因有两个：一个是国外教材在进度和内容的选取上与国内教材有出入；另一个是很多国外教材里出现的语言场景是国内学生在日常生活中根本不会遇到的。

4. 缺乏沉浸式语言环境

加拿大沉浸式教育的成就归功于其社会环境及语言政策，加拿大实施双语政策，大力倡导第二语言的教学和普及。虽然一些学校在为学生创设沉浸式语言环境方面已有改善，但是很多学校仍以过渡式双语教学为主，学生无论是在家里还是在学校都不具备沉浸式教育的条件，不能让他们随时浸泡在第二语言的学习环境中。

（二）对沉浸教学法的建议

1. 对沉浸式教学法在第二语言教学中的应用进行研究

建立完善的模式体系，要使沉浸式的教学项目具有更长久的生命力，应该在不断探索的同时，对现有的教学模式进行优选、加工和改进。

2. 培养合格的教学师资

沉浸式教学的师资要有足够的专业标准和足以承担更全面的课程任务的能力。教师需要多才多艺，能够整体驾驭课堂，灵活处理不同问题，而不是一味地传授本体知识。沉浸式教学应该丰富人才培养模式，可由中外联合或者国内高校合作培养相关专业的优秀人才。

3. 充分合理地开发和利用教材

研究国内外教材的衔接问题，同时为非母语学习者编纂适合其认知水平和发展能力的教材及词典。另外，学校应尽力为教师提供丰富的教学资源，让丰富的资源更好地服务于沉浸式教学。

4. 创设教学环境，保证第二语言输入

教师应该注重学生的语言学习环境。一个教师负责一个班级，无论上课、下课、活动、午餐、放学，教师都应该用目的语与学生进行交流。教师要注重用目的语装饰教室，例如，选取有目的语国家特色的摆设及国旗，让学生多方位置身于目的语环境，激发学生说目的语的动机。

三、沉浸式教学法对对外汉语教学的启示

沉浸式教学法与第二语言教学的基本原则是相吻合的，是完全可以引入对外汉语教学中的，而其中专门用途汉语有着十分广阔的发展空间。对于来中国学习汉语的外国学习者来说，其本身就已经拥有得天独厚的真实语言环境，学生在不同的教室学习听力、口语、阅读等不同的课，整个过程就是沉浸式的学习，为学生学习汉语达到事半功倍的效果，教师只需在整个过程中做好正确引导，随时沟通和积极参与即可。对外汉语教师更应该注重自身文化涵养的提高和专业基础的夯实，以中国文化传播者的身份将学生引导、浸入学习汉语言的大环境中。

针对国外的汉语学习者，创设符合实际需要的汉语情境，让学生时时刻刻沉浸在汉语文化圈中也是十分重要的。当学生进入学校，随处可贴一些汉语的贴士标语，比如“请说汉语”“您已进入汉语区域”“欢迎来到汉语王国”等。为了营造浓郁的汉语氛围，学校可以要求每班学生设立属于自己班级的中国文化墙，内容可以是中国的汉服、中国的传统节日及中国的饮食、建筑等，各个班级可在适当时机轮换邀请全校师生参观针对本班主题的文化活动，在展示自班成果的同时也可以为全校师生更好地认识中国文化创造条件；设立中文音乐课，依据学生的年龄特点和喜好，为其安排每周一节课的中文歌曲学唱，歌词要简单易懂，且国内外的朋友都比较熟悉，在复现平时汉语学习的词汇、歌曲的风格、情感价值等方面要有普适性，当然也可以教唱其一些网络中汉语学习者的自创歌曲，如《对不起，我的中文不好》《我爱中国菜》等。

根据沉浸式教学法的国内外研究发展历程及学者们给予的各有侧重点的界定及相关实证研究发现，该教学法在今后会有更大的发展空间，同时也发现该教学法领域还涉及许多问题亟待研究、解决。我们应该在进行相关理性研究的前提下，最终将其更好地付诸教学实践。不管是研究相关理论的学者还是一线教师，都应该做到在实践中探索要旨，也要明了沉浸式教学法的理论基础及内涵。尝试在对外汉语的教学中使用沉浸式教学法将会是一次大胆而新颖的举措，对外汉语教师应充分发挥沉浸式教学法的优势，为开展对外汉语教学工作做好铺垫，切实提升教学的实效性。

第三章　跨文化与对外汉语教育教学理论探究

第一节　短期对外汉语课堂内外的几个跨文化问题

本节将分析短期来华留学生课堂内外发生的一些跨文化问题，其中涉及中西文化差异、文化认知心理及图式的差异。尤其在对外汉语课堂上进行跨文化沟通时，首先要换位思考、尊重对方，其次应合理运用策略，设计合理有效的沟通方式，达到理想的沟通效果。

跨文化问题较容易出现在来华短期汉语课堂内外，这是由短期文化接触的特点所决定的。短期居留在某一社会文化中的非本节化群体的个体，被称为“旅居者”，包括留学生、赴外志愿者、跨国公司职员、访问交流学者等。短期的跨文化生活会给人带来新奇和神秘感。在短暂的“蜜月期”过后，“旅居者”会进入“文化休克”阶段。这是因为在适应不同环境的生活方式和思维模式时给其带来了压力，影响了其对异文化的接受及融合。

近年中国的发展吸引了一批对中文或者中国有兴趣的外国留学生来华学习或者实习。其中短期留学生遇到的跨文化适应问题较为集中，下面就一些实例具体分析不同的跨文化问题和影响跨文化适应的各种因素。

一、课堂上对“敏感问题”的不同看法

在一次高级汉语课堂上，A学生所展示的报告内容是某演讲事件引起的舆论影响。学生叙述了事件经过后，认为网络上过度的反应给了事件主人公太多的舆论压力，其没有得到言论自由的权利保护。对于这个问题，该课堂另一位B同学提出了不同的观点，这并不是某国的独特文化，众人和事件主人公也拥有同等的言论权利。虽然最后这个问题在课堂上得到了较为全面的讨论，但这个较为敏感的“言论自由”问题也产生了一些微妙的课堂气氛。

之所以会出现这种有些“尴尬”的气氛，是因为在留学生之间产生了跨文化价值

观认知的问题。忽略问题本身的价值评判，就学生间的不同观点来看，虽然 A 学生和 B 学生都是美国大学生，但其文化心理图式有较大的区别：A 学生父母是当地美国人，其自身也从小在美国长大，接触的是较为单一的北美文化，拥有较为固定的北美文化价值观和文化认知特征；而 B 同学的母亲是新加坡人，父亲是埃及人，初中跟随父亲开始在美国生活，拥有多元文化价值观以及完全不同的宗教信仰。因此关于此问题两位美国同学在认知层面上产生了轻度冲突。

其实，图式是一种主体内部动态的、可变化的知识结构。跨文化交际背景下的图式建构离不开有效的文化材料的输入。对于短期留学生来说，这更是不可忽略的部分。文化是一个拥有符号和意义的动态系统，在这个系统中，过去经验、文化意义与未来经验相互影响，循环往复。因此应让留学生尽可能多地了解和熟悉目的国文化，并通过学习语言了解一个民族的思维方式、生活习惯等，提高其对文化差异的认识，克服“文化休克”，以此逐步加强跨文化意识，使在跨文化交际中所构建的图式能够适应目的语国家的社会文化规则及约定。

其次，文化距离、歧视和偏见也是造成学生产生异同意见的因素。文化距离的远近，以及是否有受到歧视和偏见都会影响跨文化的适应和价值认同程度。因此，加大文化接触、减少或消除歧视偏见有利于留学生更好地了解目的语文化和适应目的语文化。最好是让学习者到目的国的真实环境中去经历、去体验。

二、“无法理解”的拍照体验

美国的 C 同学参加由学校组织的周末文化体验的活动，和留学生同学一起去到了某景点。休息间隙，一位较为年轻的女士将自己手里的婴儿伸向 C 同学，C 同学虽然语言水平有限，没有听懂女士的话，但也明白了女士是想让自己抱着她的孩子照一张相。虽然小心地接过了孩子，顺利完成了留念，但心里却十分惊讶这位中国母亲居然会主动让陌生人抱自己的孩子，他认为这在美国是不可思议的事情。笔者后来随机采访了三位美国人，他们都表示即使是别人主动请求也不太可能让陌生人抱自己的孩子。

C 同学的惊讶以及被采访的三位美国人的明确态度都反映了典型的北美文化与东亚文化在认知特征和文化价值观上的差异。

中美价值观因其传统文化和历史发展各异而有较大差别。在跨文化交际中，认识和了解中美价值观差异有利于避免误解，减少文化冲突，更好地实现跨文化交际。

对于留学生来说，中国的很多文化与他们固有的文化不同，如果不了解文化差异，容易产生偏见和误解。因此在教学和平时的交流中，应多让他们了解中国和其本国文化的差异，表达和而不同的观点，尊重世界不同文化价值观的想法。

三、对跨文化交际中文化差异的认识及冲突的解决

跨文化交际是指拥有不同文化背景的人们之间的交流。既指不同国家和民族的人们之间的交际，也指同一个国家或民族中，不同地区、年龄、职业的人们交际。而跨文化交际的特点之一就是存在深层文化、行为方式、习俗以及个人文化身份和社会角色等方面的差异。这些差异相互作用后对跨文化交际的过程及结果产生的消极影响，最终成了导致文化冲突出现的主要原因。妥善解决文化冲突，对于跨文化交际具有重要的影响作用。

具体来讲，风俗习惯中的差异主要有动物（图腾）象征的差异、色彩偏好习俗的差异以及数字含义的差异；交际习俗中的文化差异主要表现在称呼、问候、餐饮习俗、时间概念、感谢与致歉、恭维等方面。因思维方式产生的文化差异主要是由于文化影响着人们对外界事物的判断和认知，不同的国家拥有不同的文化，因此在思维方式上必然存在差异，这种差异必然会造成交际行为、风格等方面的不同；因价值观念产生的文化差异对跨文化交际的影响最大，主要表现在家庭观念的差异、个人隐私的差异、社会认同的差异、集体主义与个人主义价值取向的差异上。

为了预想和规避可能出现的文化冲突，可引导留学生采用以下几点方式：

（一）更新观念，换位思考，改变思维方式

首先要承认文化差异的客观存在。同时在一定程度的文化认同基础上，评估自身文化与目的文化之间的差异，寻找到两种文化的结合点，发挥各自的优势，促进二者的融合。因为若想成功、有效地进行跨文化交际，就必须尊重他国文化，正视文化差异，具备理解多元文化的敏锐性，进而逐步产生文化的认同与融通，形成相通的思维方式。

（二）主动适应目的文化的差异

已经来到中国的留学生基本都怀有对中国文化的好奇心或兴趣，但长期保持这种巨大的好奇心和兴趣是有难度的。对新文化的了解逐渐增多后，遇到的挫折可能也会越多，这会令留学生产生沮丧、焦虑等负面情绪，甚至抗拒与当地人接触。因此，愿意与具有不同文化背景的人们共享知识信息，主动适应对方的文化差异，提高移情能力，消除不同文化背景下的沟通障碍就显得非常重要。

（三）克服“民族中心论”等文化偏见，在互相尊重的基础上化解冲突

在更新跨文化交际观念的基础上，文化偏见和刻板印象也会造成交际障碍或文化冲突。现实中成功的跨文化交际不仅要具备跨文化交际的基本能力，更要求交际者发展移情的能力。当交际者的移情能力提高时，其就能在交际中做到文化理解和融通。

在短期来华留学生中，语言障碍并没有对留学生的跨文化交际产生理论上那样巨

大的负面影响；而真正重要的是以开放的心态、多元化的角度接受并欣赏文化差异，以移情的方式去交际。多接触目的文化中的人，取得情感支持，沉浸于目的文化，减轻文化适应中的焦虑情绪。同时学校和教师也有责任采取一些措施，帮助学生培养多元的文化心态。在留学生适应中国文化的同时，海内外汉语教师也应该放眼世界，以一种开放包容的心态接受不同文化，促进中外交流。

第二节　对外汉语教学中的跨文化交际

在对外汉语不断发展的时代背景下，跨文化交际应运而生。在跨文化交际的过程中不仅有因为文化差异而造成的交际障碍，而且文化之间也会互相影响、彼此交融。所以在跨文化交际中要积极培养自己以“情感—认知—行为”为模式的跨文化交际能力，才能收获到更好的跨文化交际效果。

随着国际一体化日益发展，人与人之间的时间和空间距离被不断拉近，但由于不同的国家、民族有着不同的历史渊源、社会习俗和特定的文化背景，人与人之间仍存在着心理距离，这些因素给交际活动带来了潜在的障碍。在这样的时代背景下，对外汉语中的跨文化交际作为一门新兴的科学应运而生。

一、跨文化交际中的文化差异

跨文化交际一般是指具有不同文化背景的人们所进行的交际行为，其中最主要的就是跨文化语言交际，此外还有如体态语、副语言、客体语等跨文化非语言交际。不同文化背景的人们在交际的过程中，由于文化差异造成的价值观念、思维方式、社会规范和交际原则不同，交流双方很容易产生交际障碍。这也就形成了跨文化交际的以下特点：

（一）从母语文化“先入为主”

由于母语是本国本民族的语言，受母语环境不自觉的影响，母语文化也潜移默化地在人们的思维中形成了定式。比如：在汉英语言中，“红（red）”都属于基本颜色词。随着中西方文化交流的不断加深，其具有的深刻文化内涵或多或少成为跨文化交际中的一个障碍。华夏民族作为世界上最早使用火的民族，钻木取火、刀耕火种的生活加速了先民对火的认识，培养了他们对红色的亲近感。因此中国人崇尚红色，有“穿红可以避邪”之说，因此“红”的 [+ 喜庆的] 词义自然而然地产生。投射在感情领域，便拓展出 [+ 精神好的] 之意；投射在事件领域，便拓展出 [+ 成功的] 之意；投射在经济领域，就有了 [+ 盈利的] 之意。而“红”具有的 [+ 尊贵的]、[+ 忠义的]、

[+ 得宠的] 的词义，与中国古代的君主专制统治紧密相关，因为古代皇家贵族在服装、建筑和日常用品中都喜欢用红色，所以中国人以红色为贵。由于“红”具有 [+ 得宠的] 之意，人一得宠得势，必然会被人嫉妒，因此“红”又拓展出 [+ 嫉妒的] 之意。发展到近现代，“红”成为最典型的政治色彩，其 [+ 进步革命] 的意义来源于无产阶级革命、社会主义制度和中国共产党的领导，受苏联十月革命后政治术语的影响深重。红色作为中国文化中的基本崇尚色，“中国红”体现着中国人在精神和物质上的追求。而在西方文化中，红色主要指鲜血的颜色。西方人认为鲜血是人体内的生命之液，失去鲜血就等于受伤甚至死亡，并且从用红布斗牛的文化传统中深感红色为不祥之兆，因此由红色联想到暴力和危险，“red”就具有了 [+ 激进暴力的]、[+ 危险的] 词义，且在基督教文化中魔鬼撒旦总以红色出现，所以“red”进一步引申为“不好的、次的”，具有 [+ 低贱的] 词义。投射到经济领域，具有了 [+ 亏本的] 词义。因此在跨文化交际中，我们应注意到英汉语言间的差异，了解颜色词在中西方文化中的使用差异及其背后的文化内涵，从而更好地促进中西方文化的交流。

又如在中国，一般情况下，朋友相约见面会有一方主动提出请吃饭，以表达对朋友的热情，而被宴请方一般会在比相约吃饭时间稍晚时赴约。但对来自欧洲国家的人来说，朋友在一起吃饭也是遵循“AA 制”，而且被邀请赴宴的一方一定要提前到来，以表示对邀请者的尊重和感谢。因此当这两个国家的人成了好朋友却并不了解对方习俗文化时，误会就会在“先入为主”的思维定式中产生。如果是欧洲人给中国人打电话说“我们一起去吃饭吧”，中国人欣然答应但到了约定好的吃饭时间还没有出现，欧洲人就会根据自己母语文化中的守时观念做出中国人是对自己不够尊重才会不按时赴约的判断，而当吃完饭后欧洲人提出要各自付各自的饭钱时，中国人会觉得欧洲人也太小气了，明明是他先打电话来主动说要一起出去吃饭的，最后却要自己付自己的饭钱，这显然是不把自己当作朋友的表现。而如果中国人觉得场面很尴尬，就客气性地说了一句“那等回来我请你吃饭啊”。欧洲人信以为真，却始终没有等到中国人请他吃饭，那他就会觉得中国人说话不算话，太不守信用，便直接去问这个中国朋友打算什么时候请他吃饭，中国人就会觉得这个欧洲人也太爱占小便宜了。这样的误解势必会导致两个人的友谊破裂，使得两个人之间的交际出现问题。这种在不同文化中形成的社会习俗，如果不经过沟通了解，是本族人习焉不察，外族人又无法知晓的，而交际双方往往会习惯性地用自己母语文化中的思维定式去衡量对方的行为，自然会因为对方不符合自己习俗中的标准，而在跨文化交际中产生障碍和误解。

（二）“以我为主”，对异文化有偏见

因为交际双方可能存在“民族中心主义”思想，所以双方极容易根据文化的表现形式和文化所在国家的经济政治等情况做出盲目片面的判断。比如，当美国的资本主

义文化刚刚传入走社会主义道路的中国时，很多人都觉得美国是个金钱至上的国家，社会风气是一片骄奢淫逸，而美国人经常所说的“自由”“民主”“人权”“个人主义”，就是只顾个人享乐而不管国家安危的缺乏集体主义精神的错误思想。同样，在越来越多的外国人开始关注中国传统文化时，很多人对中国的印象仍停留在落后贫穷又封闭的时代。他们不理解中国儒家思想中的谦逊精神，觉得中国人在说到有关自己的事情时通常都会不实事求是，贬己尊人，比如中国人的父母听到别人夸自己的孩子学习成绩好时，就算孩子学习成绩真的很好，中国的父母一般都会比较谦虚地说：“我家孩子学习成绩哪里好啊，还没有你孩子好呢。”在外国人看来，这样的话语会严重打击到孩子的自信心，是一种从封建社会流传下来的落后腐朽思想甚至是虚伪的表现。这些都是因为戴上有色眼镜去看异文化而造成的偏见和误解。对不同国家和民族的刻板印象和文化定型是跨文化交际中很大的阻碍，极不利于对其他文化的认识和学习。

二、跨文化交际中的相互影响

跨文化交际不仅会存在着因文化差异而导致的交际障碍，在交际不断深化的过程中，文化也会出现相互接近和求同的趋势，其结果就是文化之间相互影响、彼此交融。比如，中国在与国际接轨后，在一些较为正式的场合，我们会用“某某先生”“某某小姐”的称呼代替原来的“某某同志”进行人物的介绍。再如，随着国际文化交流的日益密切，汉语词汇中的一些新的外来词语，如“沙发”“巧克力”都是从英语中的“sofa”“chocolate”直接音译过来的，而一些具有中国特色的词语如“Kung fou（功夫）”“Tofu（豆腐）”等也被吸纳进英语词汇之中。这些变化都是跨文化交际中语言文化的相互吸收、相互影响的表现。

三、培养跨文化交际的“情感—认知—行为”模式

在以一种语言为媒介的跨文化交际中，为了尽量消除因文化差异而造成的交际障碍，促进不同文化的相互融合和影响，获得跨文化交际的最佳效果，交际者应注意培养自身的跨文化交际能力。

跨文化交际能力包括三个因素：情感、认知和行为。首先，交际者应在态度上摒弃“先入为主”“以我为主”的民族中心主义思想，培养对异文化的好奇、开放、欣赏和移情的态度，增强对文化差异的敏感性和宽容性，即以跨文化意识分析文化之间的差异，注意对文化差异的相互尊重、相互理解、相互包容。

其次，交际者也要掌握跨文化交际知识。不仅要在语言交际中遵守媒介语的语言使用规则，提高语言使用能力，了解语言所承载的深刻文化内涵。而且要注意学习非

语言交际的意义表达系统，只有从跨文化交际的角度对不同民族的语言和非语言交际进行系统性的对比，才有可能揭示出包含在语言中的文化差异，理解非语言中的文化因素。

最后，我们要将情感和认知运用到跨文化交际的实践中，积极培养应对和适应新的跨文化交际环境的能力，以积极正确的态度面对交际中的冲突和挫折，善于调整和反思自己的跨文化交际行为。

在对外汉语不断发展的时代背景之下，跨文化交际作为一门新兴的学科应运而生。交际双方只有理解了跨文化交际的特点，积极利用“情感—认知—行为”模式提高自身的跨文化交际能力，才能克服文化障碍，促进文化的进一步交流，从而推动对外汉语更好地发展。

第三节 对外汉语教学中的跨文化意识培养与渗透

随着时代的进步、经济的高速发展，我国逐步加强与世界民族文化的交流。但是，我国在进行对外汉语普及教学时，由于民族文化与地域文化的差距，对其他文化产生了很多的误解，为了有效地将汉语文化普及世界各地，就要逐步加强对学生跨文化意识的培养，这样才能有效地消除文化差别，提升汉语教学效果。基于此，本节就目前跨文化意识存在的问题进行阐述，加强汉语教学中跨文化意识的培养与渗透，并提出具体的培养策略。

随着我国经济的高速发展，其在世界经济体中的地位显得越来越重要，伴随而来的是中国文化受到全世界的追捧，越来越多的人参与到了汉语学习中。同时，我国针对这种现象专门制定了对外汉语教学发展战略，实现汉语教学的全面普及，将世界各国学生都作为汉语教学对象。科学开展对外汉语教学，有效地提升外国学生的汉语语言能力与跨文化交际能力，逐步培养学生的跨文化意识，有效地加强我国与世界的交流。

一、目前对外汉语教学中跨文化意识培养与渗透存在的问题

跨文化意识是以文化意识为重要基础而形成的一种文化知识概念，简单而言，文化意识就是对知识体系的一种认知，而跨文化意识就是指学习外来文化时与本民族文化产生的冲突与误解的表现形式，通过认真的学习与了解最后形成的一种包容与接纳。如果在汉语学习中缺少这种跨文化意识就会导致在学习时存在许多障碍与困难，同时由于文化环境的缺失还会造成文化的误解与错误解读等。这些学习上的障碍与缺

陷可以充分地说明跨文化意识对于任何学习教学都有着重要的作用，同时还可以直观地反映出各民族之间文化的差异性。所以，目前我国对外汉语教学中缺乏有效培养跨文化意识的手段，同时缺乏对于跨文化意识培养的重要性的认识。

二、跨文化意识在当前对外汉语教学中的重要性

首先，随着时代的发展、社会的进步、世界文化的大融合，文化呈现多样化发展趋势。我国在进行对外汉语教学时，要对世界文化的多样化形成良好的尊重意识，这样才能有效地提升汉语教学的质量与效果。同时，由于对外汉语教学涉及了世界各国，文化语言复杂多样，且目前世界主要的沟通语言还是以英语为主。因此，对外汉语教师要充分认识到汉语教学中跨文化意识与跨文化交际能力的重要性，在对外汉语教学中将不同文化有效地融入教学中，完成汉语学习，提升学生的交际能力。

其次，对于汉语的学习，不仅是对于表象语言与词汇的学习，同时也是对文化中语法结构的一种学习。不同的语言文化中蕴含着本民族重要的民族文化，汉语文化承载着中华民族历史悠久的文化精髓。外国学生要想真正地掌握汉语文化，灵活应用汉语，就要适当地融入具有丰富的语言环境的社会生活中，切身体会语言内涵，从而实现外国学生汉语交流能力与交际能力的全面提升。

三、对外汉语教学中跨文化交际意识的培养与渗透的有效措施

（一）提升汉语教师的文化素养

对外汉语教学中，教师是教学的主导力量，汉语教师的文化素养对于课堂教学有着直接的影响。在对外汉语教学中，学生都是来自世界各地、拥有不同文化的外国学生，他们与我国学生学习英语一样，都是从基础学习，所以，对外汉语教师不仅要具备丰富的专业教学技能，同时还需要拥有深厚的文化知识底蕴，具有良好的耐心与较高的文化素质，具有较强的学习能力以感知跨文化意识及言语习惯，这样的教师亦师亦友，是不同民族文化之间实现良好沟通的桥梁。由此可见，要实现学生的跨文化意识的培养，就必须提升汉语教师的文化素材，这样才能有效提升课堂教学的效果与教学质量。

（二）活跃课堂气氛，创造语言环境

对于语言学习而言，良好的语言环境可以有效提升语言学习效果，提升语言学习质量。在浓厚的语言环境下，学习者可以更容易地接受这门语言文化，同时可以发现语言错误与不良的语言习惯，及时纠正。因此，在对外汉语教学中，教师要对活跃课堂气氛、营造良好的语言环境有正确的认识，这样才能通过激发学生的学习兴趣与提

升学生语言的切身体会感，促进其对语言知识的理解与消化。例如，教师在对外汉语教学中就可以将传统的中华节日有效地融入教学活动中，充分利用多媒体教学模式开展教学活动，将我国传统节日热闹的场景以短片的形式展示给外国学生，充分吸引学生的注意力，激发学生的学习欲望，提升学习积极性，提升外国学生对我国传统文化的认同感与深刻了解。同时，教师可以带领学生亲身感受我国的风俗习惯与传统节日。如中秋节，教师就可以带领学生参与到各种民俗活动中，如赏月、燃灯、猜灯谜、吃月饼等，一边参与一边学习，这样的文化知识更容易被学生接受。所以，在对外汉语教学中有效地活跃课堂气氛、营造良好的语言环境，可以促进学生对文化知识的理解，加深对知识的印象，加强对不同文化的包容与理解，切实地提升学生的跨文化意识。

（三）注重培养学生的跨文化素养

对外汉语教学中，有效地培养学生的跨文化素养，可以促进汉语教学的有效开展，同时还可以帮助不同民族文化的学生提升交际能力，提升跨文化意识。汉语教师在开展教学时，可以从以下几个方面有效地培养学生的跨文化素养：首先，要注重培养学生对于民族文化的认识与理解。民族文化由于种种原因存在很大的差异性，在汉语学习中，学生要对不同民族文化形成正确的认识，在保持尊重的前提下，相互理解与包容，形成正确的跨文化意识。其次，重视特定语境下的表达方式。社会中人的性别、性格、学历、工作等方面的不同，都会对个人的语言能力产生重要的影响，因此，对外汉语教师要培养学生的语境分析能力，使其用恰当的语言交流方式进行沟通，提高汉语应用能力。最后，要注重激发学生的跨文化学习的好奇心。丰富的好奇心可以激发人的学习欲望与学习兴趣。教师在进行对外汉语教学时可以充分利用学生这个特点进行有针对性的文化交际意识培养，将不同语言整合后，科学寻找言语文化中的共同点，进行比对学习，从而提升学生对语言文化的共鸣感，有效地培养外国学生的跨文化意识，提升语言学习效果与质量。

（四）创新教学方式

在对外汉语课堂教学中，科学合理的教学方式可以有效地提升教学效果，提升学生的学习效率。在进行汉语教学时，由于我国民族文化与世界不同文化有着较大差异，外国学生通过简短的课堂教学时间无法真正理解汉语知识的含义与汉语的表达方式。因此，汉语教师要科学创新教学方式，深刻研究不同学生的实际情况，科学地制定方式方法，帮助外国学生对我国历史文化与语言文化进行深刻的了解与掌握。在教学中可以利用图片与成语相结合的方式进行教学，如在教“笔走龙蛇”的成语时，教师就可以进行分开对比解读，“龙”在我国与西方国家有着不同的含义。西方文化中，“龙”大多是邪恶的代表，而在我国龙是一种吉祥富贵的标志。而“蛇”是一种很常见的动物，但是通过成语的组合，它们失去了本身的含义，成了书法的一种形容词，这样直观地分开对比可以使学生深刻地了解汉语文化。因此，汉语教师在进行教学前就要认真制定教学内容，将教学内容与生活中可以关联在一起的事物结合进行教学，在进行教学时，学生就可以从实际生活中的事物得到启发，加深对于汉语知识的记忆，提升汉语交际能力。所以，创新教学方式对于提升汉语教学中跨文化意识的培养有着重要的作用。

综上所述，由于世界文化的多样性，在对外汉语教学中学生都会产生跨文化交际障碍，而要切实解决这一问题，有效提升教学效果，就要加强跨文化意识培养与渗透，实现文化的包容与理解。这样才能顺利地开展对外汉语教学，提升教学质量。

第四节　对外汉语教学中的跨文化语用失误研究

汉语作为第二语言的教学是一种指导学生进行跨文化交流的教学活动。笔者在对外汉语教学体会的基础上，从汉语作为第二语言的教学中的常见语用失误类型中，分析了出现失误的缘由，并提出了教学意见和避免失误的办法。

教师也会因为不理解学生所在国家的文化和交流习惯而出现一些失误。在言语交际中的使自己无法获得圆满的完美的交流效果的失误，通称为语用失误。在此，作者立足本人在对外汉语教学生涯中的经历，整理总结了在汉语作为第二语言教学中的常见的失误类型，并尝试找出失误的缘由，提出意见与方法。

一、在汉语作为第二语言教学中的跨文化交际

因为文化背景的差别，再加上语用习惯的不同，不同文化的人们之间的交流变成了一个非常复杂的过程。在这个交流过程中，人们的思维模式不同，人生价值观念不同，行为不同，认知不同，看事物不会看同一个方面，认知事物也不会有同一个理解，如果对此懵懂不解就会导致在交流中出现语用上的失误。

在中国留学的外国学生由于在母语长期的影响下，加上不了解中国的文化，不知道中国人在交流中的谈话和表达方式等，在跨文化的交际中就会容易出现语用上的失误，从而影响课堂上的教学效果。一直以来，每个人都习惯了用自己的思维和行为去为人处事，所以对于在中国的外国学生来说，从自己的文化圈中跳出，用一颗平常心适应了解对自己来说截然不同的文化很困难。

二、跨文化交流中的语用失误

为什么在跨文化的交流中容易出现语用上的失误呢？是由于把自己的语言上的规则生搬硬套在另一种语言上。再往具体上说，自己都不知道自己已经违反了另一种语言常用的习惯，或者所说的话不符合场景人设，甚至还会造成文化上的误解。使被交流的人产生不舒服的心理，从而不想再交流，也会使交流者没有达到自己预想的交流效果，这种失误就叫作语用失误。

一次，一个外国学生拜访他的中国老师，老师想请他吃一顿饭，就说："你下个星期六的时候来我家吃饭，行吗？"外国学生特别高兴，于是就接受了邀请。过了三天，就到了星期六，外国学生来到了老师家里，老师特别意外，又丝毫没有准备，很尴尬。问道："我不是说下一个星期六吗？你怎么这个星期六就来了呢？"学生也很纳闷："老师，难道下个星期六不是今天吗？"

从这个例子不难看出，老师和学生之所以产生这样的误会，是因为他们彼此都不了解在彼此的交流语言中，"下一个星期六"到底是指哪一个星期六。而这正是文化差异的体现。在外国人和中国人的交流中，这样的现象是很常见的。很多的留学生发现，即使本身的文化水平越来越高，对语言的了解越来越多，但在交流交际中，还是会出现失误，甚至是不顺利的交流。

三、对解决对外汉语教学中跨文化交际问题的建议

在汉语作为第二语言的教学中把对跨文化的交流研究也放入进行学习，可以使学生增强对不同文化的认识，一直把培养学生的文化交流作为重点，这样才可以使学生更加容易地进入跨文化的交流中，也不会对陌生的文化产生排异的心理，也可以避开在与外国人交流中因这个方面而产生的尴尬情况，甚至是因为语用上的失误而产生的冲突。在此，作者认为，作为对外汉语教师，培养学生此方面的能力应该从以下方面入手：

第一，作为教师，不但要对自己国家民族的文化有较深的理解和认识，还要对国外的文化有一定的深入的了解。不同国家的文化是存在一定差异的，所以在教学过程中，一定要将不同的文化对比出来介绍给学生进行学习。比如，在西方国家的都会有较强的自由和民主思想，在日常生活中不难看出他们自身的自由性和民主性，这就需要对外汉语教师挖掘他们内心的渴望，并以此进行激励，引导他们发挥自身的主观能动性，充分调动他们积极向上的热情。这个时候，对外汉语教师就可以举办一系列的活动，如答辩赛、乐器表演赛等竞技性比赛，还可以邀请中国学生参加，不仅可以满

足外国留学生勇于表达自己的心理需求，还可以带动中国学生参与进来，向外国学生展示中国本土的文化特色魅力，并且激励中国学生学习和了解外国学生，摆脱内心的怯弱，勇于表达自己的想法。

第二，要为外国的留学生创造切实的交流环境，进行实践，方能提高自身的能力。对外汉语教师要认真地选用交流环境，不仅要真实，还要充分反映和体现中国文化，体现现实生活，并且让外国学生多用汉语进行表达，及时纠正并且鼓励交流。同时可以举办一些课外活动，在提高兴趣的同时进行学习，例如，欣赏中国电影，最好要选带有真实中国特色的电影，绘制汉语报，设置汉语角等。让外国留学生在真实的交流环境中获取知识，从而防止在日后的跨文化交流中出现失误的现象。

在汉语作为第二语言的教学中，文化的差异导致的交流困难是教学中的一个重要问题。随着中国的强大和汉语的不断发展传播，越来越多的外国人渴望了解中国文化并学习中国语言。如果在对外的交流中可以更好地了解彼此的文化差异，而避免交流中的失误，可以让汉语教学进一步发展。而这，不仅需要外国留学生，还需要对外汉语教师的长期积累和不懈努力。

第五节　对外汉语教师在厄瓜多尔的跨文化适应

汉语教师在海外任教期间不可避免地要经历跨文化适应的过程，笔者是国家汉办派往拉美地区的汉语教师志愿者之一，同样经历了文化适应过程中的一些苦难。本节主要根据笔者在厄瓜多尔的教学经验，分析中厄两国在时间观念、空间观念与民族文化方面表现出来的在文化上的一些差异，并根据这些文化差异探讨如何克服这些差异并能顺利实现文化适应。

去海外任教的汉语教师，到了一种新的文化环境中工作生活，会经历一些文化融合的过程，这种过程我们称为跨文化适应。跨文化适应是跨文化交际研究的核心问题之一，可以说汉语教师能否适应不同文化，是教师能否较好地完成汉语教学的关键性因素，因此我们应该给予一定的重视。

一、对外汉语教师在厄瓜多尔面临的文化差异

笔者是国家汉办派往拉美地区的汉语教师志愿者之一，在赤道之国——厄瓜多尔任教两年，主要承担首都基多国际学校 SEK 的汉语教授以及传播中华文化的任务。南美洲国家与中国在文化上差异比较大，初期笔者也感到了诸多不适应，但是笔者文化适应能力比较强，并没有因此产生很大的心理负担。下文将从时间观念、空间观念

与民族文化方面谈论中厄文化上的差异。

（一）时间观念

时间观念是非语言交际的重要维度。提到南美洲，大多数人的第一个反应都是热情奔放，但笔者的第一反应却是他们的时间观念，因此笔者将时间观念上的差异放在第一点来说。在中国人的文化中，迟到是非常不礼貌的事情。但是在拉丁美洲国家，以厄瓜多尔为例，迟到 30 分钟都是习以为常的事情。

案例一：孔子课堂中秋节晚会

在思源孔子课堂，每逢中国传统节日都会举办小型晚会，让学生体会中国节日文化，并让中国教师感受到家的温暖。活动一般都在晚上七点开始，但是当中国老师以及参加表演的学生准备在七点准备开始的时候，发现来的客人们寥寥无几，直到七点半左右，客人们才陆陆续续地来到学校。刚赴任的教师都十分不开心，但是已经工作过一段时间的老师表示这是很正常的情况。

从案例一可以看出，厄瓜多尔人的时间观念都不强，做事不紧不慢，笔者有时有些紧急的事情让当地秘书帮忙，秘书总会特别热情地跟你说，她已经在办了，可实际上她并没有开始做。也经常出现由于司机的时间观念差导致全体教师参加活动迟到的情况。可见在时间观念上中厄之间的文化差异巨大。

（二）空间观念

空间的利用方式也体现了特定文化中人际关系的特点，反映了文化的差异。在拉丁美洲由于民族性格热情奔放，人体距离比较近。中国人体距离也比较近，但其文化属于低接触文化，陌生人见面之时握手，没有其他身体部位接触，而拉丁美洲文化属于高接触文化，见面采用贴面礼。

案例二：贴面礼

刚到厄瓜多尔时笔者对当地文化并不十分了解，只是知道如果第一次见面需要握手。校长带笔者去参加一些文化活动，就会遇到很多当地人，需要打招呼，有些当地男性一见面就用脸贴过来，还没等笔者反应过来就亲在笔者脸颊上，笔者当时脸就红了，但因为是当地文化，也不好说什么。

虽然厄瓜多尔当地人体空间比较近，但是教师对学生却不能随便触碰。

案例三：学生碰不得

一位当地教师说有家长投诉笔者的一个中国同事，说她行为粗鲁，随意触碰学生。这位同事很奇怪不知道什么时候触碰了学生，后来想起来，学生 David 上课表现得很好，她在夸奖他的同时拍了拍他的肩膀，结果却被家长投诉。她感到特别委屈，也有点儿哭笑不得。

由案例三我们可以看出，虽然学生对老师很热情，但教师却不能随意触碰或者处罚学生。在海外工作的时候一定要关注当地文化中有没有此类禁忌。

（三）不同的民族文化

中国人普遍谦逊，表情也比较含蓄平静。厄瓜多尔人民热情奔放，面部表情夸张，不吝惜夸赞之词。在中国，没有人会在街上对陌生人打招呼，而在厄瓜多尔，陌生人在路上点头微笑或者打招呼都很常见。

案例四：莫名其妙的问候

由于国际学校 SEK 在距离宿舍不远的地方，每天早上笔者会走路去上班，在路上迎面走过来的人都会笑着对笔者说“Hola”，甚至还有中文“你好”，甚至有人开着车把车停下来跟笔者打招呼。一开始笔者觉得他们一定不怀好意，于是笔者就走得飞快，每次到学校都筋疲力尽的。后来与当地教师聊天发现这是很正常的现象，笔者才放下心来。在习惯以后笔者也经常主动跟其他人打招呼，他们都特别开心。

当然，这样的热心也会出现一些问题，相信到过拉美的人都会遇到这样的情况，当地人认为在别人问问题时他们说“不知道”是一个特别冷漠的行为。

二、应对文化差异的策略

上文的这些案例说明厄瓜多尔和中国在文化上确实有很大的差异，很多教师由于语言不同的原因，一直处于“文化休克”的阶段，走不出来。因此我们需要采取措施来积极应对，而如何应对“文化休克”是跨文化适应的核心问题。

首先，汉语教师应该尽快熟悉当地的语言，在这里是指西班牙语，虽然英语是国际化的语言，但在厄瓜多尔，英语也并不是人人都会的，不会西班牙语，出门也是寸步难行的。掌握当地语言，不仅可以让我们与当地人顺利交流，在汉语课堂上更好地了解学生情况，更好地进行教学，也会使我们更好地了解当地的风俗文化。

其次，当我们无法改变环境的时候，我们就要改变自己的想法，因此我们要积极调整心态，不能因为遇到很多困难就停滞不前，应积极调整心态，主动去了解当地文化。当我们对当地文化有一定的了解后，就会减轻在新环境中的焦虑情感，不仅会丰富知识，还会增强信心。了解当地文化以后，我们一定要尊重当地文化。了解当地文化需要我们多交当地朋友，建立良好的人际关系，当我们在生活中遇到困难时，可以跟当地朋友多交流，他们会热情地给予帮助。这些在文化适应过程中都是必不可少的。

最后，我们可以在课余时间多做一些自己感兴趣的事情，在你专注于一些事情的时候，内心的焦虑也会减轻。如果喜欢做饭，课余时间就可以做一些中餐招待朋友，或者研究一下当地美食；如果喜欢旅行，周末就和朋友搭伴儿到处走走；喜欢运动就可以去健身房挥汗如雨，或者去附近的景区爬爬山。有很多种派遣寂寞和减少焦虑的方法，但是一定要注意人身安全，在海外任教的经历应该是我们人生中美好的回忆，而不应该是一段不敢回首的过去，因此我们要积极地调整自己，克服跨文化适应过程中的种种困难，做一位优秀的汉语教师。

第六节 对外汉语教学中的跨文化传播问题分析

全球化经济的不断发展促进了中外经济文化的交流，外国来华工作的人员日益增多。因此，对外汉语教学在我国教学体制中具有重要的作用。在此背景下，我国为了传播中华文明的核心价值，提升国家的软实力，促进中国国际地位的提升，应该对对外汉语教学工作给予重视。本节简单介绍了对外汉语跨文化传播的重要性，并针对对外汉语文化传播存在的问题提出解决的对策。

跨文化传播是当前社会人们传播活动的重要组成部分，是各民族和国家之间进行沟通和交流的必要形式，它促进了各国之间的交流和社会的整合，维系了全球各个结构的平衡，并且对人的价值观和人生观的建立都有着重要的影响。跨文化传播决定了人们在学习和生活中语言和行为的不同，使人们的语言和行为展现出不同的文化特点。对外汉语教学中的跨文化传播主要是为了实现文化与传播之间的关系，加深对不同文化的理解。

一、对外汉语教学中跨文化传播的重要性

首先，跨文化传播是对外汉语教学的目的。对外汉语在教学过程中，具有语言传播和文化传播的作用，对弘扬中华文化具有重要的意义。所以，在对外汉语教学中，应该注重对留学生汉语语言技巧和能力的培养，促进其跨文化交际能力的提升。其次，注重语言的交际功能。对外汉语中主要是针对语言本身的结构来进行交际能力的提升，它要求学习者掌握语言背后的民俗文化和精神文化。由于汉语学习中融入了大量的中华民族先进的文化传统，学习者只有掌握了汉语的内涵，才能学好汉语。因此，提高对外汉语跨文化教学的层次，有助于提升留学生的交际能力，对语言教学产生重要的影响。

二、对外汉语教学中跨文化传播存在的问题

（一）教学理念存在问题

虽然相关的学者已经就对外汉语的重要性达成了一定的共识，但是在跨文化教学的定位上仍然存在着一定的偏差。学者对语言教学产生了一定的误解，不能准确地反映出教学和文化之间存在的内部联系。另外，由于一些现实性的原因，教师不能形成文化自觉意识，导致留学生对语言的技能不能进行充分的掌握。

（二）教学内容存在问题

当前，留学生的数量持续增高，受不同文化背景和生活方式的影响，留学生对当前的教学内容不能进行充分的理解。统一的文化教学内容不适应学生多样化的学习特点，在教学中缺乏针对学生背景文化的教学。另外，文化教学的课程设置与师资力量存在着一定的矛盾。当前，对外汉语跨文化教学的课程设置主要包括文化课和相关文化内容两种。文化课的教学内容不能解决语言教学中存在的相关文化问题，无法与语言课形成密切的配合，导致学生在语言学习阶段遇到的文化背景问题不能够得到很好的解决。

（三）教材存在问题

首先，文化教材在编写的过程中没有与民族文化建立紧密的联系，不能够体现出多民族文化的民族精神，难以帮助学生准确地把握汉语的本质特征，影响了留学生对汉语语言的学习和对中国文化的深层次理解。其次，文化教材在编写上沿用了国内的教材体系，忽视了对读者的定位。虽然教材在编写上对中国传统文化进行了介绍，具有专业化和系统化的优点，但是偏离了对外汉语文化教学的核心，欠缺对文化背景的考虑。

三、对外汉语教学中跨文化教学的对策

（一）处理好语言与文化之间的关系

文化的传播离不开交流，交流能够促进社会的进步和人类的发展。语言是当前交流的主要媒介，在对外汉语教学中，应该充分发挥语言的媒介交流功能。同时，语言也是具有逻辑性的，它是文化传播的载体和核心。语言是当前最重要和最基本的媒介，其所产生的语言文字影响力也是毋庸置疑的。人们在使用语言的过程中，也在接受着语言背后的思维方式。因此可以看出，语言是跨文化传播的重要环节，针对不同的文化差异，应该正确处理文化和语言之间的关系。

（二）加强对外汉语的师资建设

在文化传播的过程中，传播者具有重要的作用。教师是对外汉语跨文化传播的主体，教师的专业素质对跨文化传播的质量具有重要的影响。在进行教师招聘的过程中，应该严抓质量关，只有具备从业资格的教师才有权利进行对外汉语教学。另外，教师还应该掌握较为广泛的中外文化知识，充分了解教学中涉及的文化背景，掌握教学的重难点内容，提升自身的文化能力，加强发现问题和解决问题的能力，提高课堂教学的质量，注重教学方式的改变，激发学生在汉语学习中对中国文化的兴趣。

（三）规范教材内容的编写

对外汉语教材在编写的过程中，应该按照一定的标准进行。只有按照统一的标准进行教学，教材的内容才不会显得杂乱无章。所以，应该对教学的内容进行确定，对不同国家的不同学生因材施教。另外，在对外汉语教学中，选择合适的工具书能够对学习效果产生积极的影响。要对相关的出版机构给予高度的重视，以汉语作为对外传播的基础，加强对中华文化的弘扬。通过对汉语的推广和研究，加强国家软实力的建设，提升中国的国际形象和地位，促进中华民族的伟大复兴，使汉语传播成为当前国家外交建设的重要组成部分。

汉语作为语言教学的重要内容，在语言教学与文化教学中具有重要的意义。应该以文化教学作为语言教学的重要手段，培养汉语学习者的跨文化交际能力，促进学习者汉语思维能力的提升，加强其对文化的理解能力和感悟能力。因此，文化教学无论是在内容方面还是在教材方面都应该进行改进和完善，要将培养学习者的跨文化交际意识作为主要的教学宗旨，促进对外汉语教学的发展，提高对外汉语教学中跨文化的传播效果。

第七节　汉语国际传播中的跨文化交际与对外汉语教学

在汉语国际教学中，汉语教师除了具备牢固的语言知识外，更需要具备一定的跨文化交际能力。交际因素很广泛。与留学生的交流也是建立在文化理解与包容姿态的基础之上的。跨文化交际者的最终目的是沟通成功。交际成功与否，在很大程度上取决于说话者的礼貌表达方式是否得体。由于文化的差异性，人们对礼貌内涵的解读也不尽相同。在跨文化交际中，人们往往会依据自身文化所决定的礼貌准则来判断对方的言行是否得体，因此误解或交际失败的产生在所难免，交际的合作性就不复存在。汉语教师应增强对文化差异的认知能力，提高跨文化交际的能力，不断提高语用的应变能力，在教学中得体得当地进行交流，逐步提高汉语教学的效率。

语言是文化最重要的载体。在汉语国际教学中，汉语教师除了具备牢固的语言知识外，更需要具备一定的跨文化交际能力。

对外汉语教学实际上就是一次次的跨文化交际活动。教学效果取决于汉语教师的跨文化交际能力。而人际交往功效的优劣是受诸多因素影响的。不同的文化背景、接受教育的程度、社会经历与兴趣爱好、认知水平等，势必影响着汉语国际推广中的跨文化交际与汉语言教学，势必影响着每一位汉语教师的交际能力。而语言和文化又是一个不可分割的统一体，因此从事汉语国际推广工作的工作者，需要把相关的交际学、文化学和社会学等理论体系的学习放在首要位置上，不仅仅是熟知汉民族的文化习俗，还需要对来华留学生的母语文化有一种包容姿态，从细微之处遵守言语交际的合作原则和礼貌原则，在跨文化交际中更好地发挥交际言语的信息沟通、自我认识和人际协调的诸多功能。

一、跨文化沟通中的误区

不同文化背景的人，在语言和非语言及文化影响方面各不相同。来自不同文化背景的人，对外界的认知必然存在着很多差异。跨文化沟通，最重要的是对对方文化的了解和认同，能够在沟通中对对方的编码和解码求同求异，这样才能够保障沟通的畅通性。从对外汉语教学师资选拔与培训方面看，我们更多的是强调教师如何掌握中华才艺，如何把自己国家的风俗习惯、风土人情等烂熟于心，而在了解他国习俗或文化方面一直是一种忽视甚至是无视的态度。这种状态明显会影响到跨文化交际的效果，因此分析归纳跨文化沟通中的障碍与误区很有必要。

（一）思维模式

中国传统文化思维的特征就是特别重视直觉感受到的东西，并且在人际交往中常常以自己的感受“以己度人”，那就是思维的整体性与统一性。有人认为汉字不仅表音，而且还能表形、表意。这种音、形、意相联系的文字，为中国人擅长形象思维提供了便利的参照工具。

按照萨丕尔 - 沃尔夫的“语言决定论”，一个人的思维完全由母语决定，因为一个人只能根据其母语中编码设定的范畴和区别定义来认识周围世界。而中国人的直觉感受与形象思维又恰恰是依赖于客观世界的，所以我们的思维方式是一种表象定式。这种表象定式带来的先入为主，忽视了个体差别，从交际活动开始就带着明显的固化模式，这样的思维定式会直接影响跨文化交际与汉语言教学的效果，造成跨文化交际的种种失误。主要表现在：

1. 文化差异导致误解

不同的民族有着不同的文化价值观念。不同的价值观念体现在社会用语方面，就是语言的表达方式是本民族早已习以为常的交际模式。而这种模式会导致在跨文化交际中与来自不同文化的个体交际时出现误解或失误，达不到预期的交际目的。比如中国人吃完饭抢着付钱、在车上抢着买票等行为举止，在外国人眼里是非常不文明的行为。外国人擅长契约制，在外出就餐或旅行中奉行AA制，所以通常不会发生各自抢着付钱、买单之类的肢体碰撞的行为。再有因为认知范围的局限性，导致一些个体无视跨文化者之间的差异，盲目类推，或自高自大，总是设想自己的文化高于其他民族的文化。这些都是文化差异造成的交际障碍。

2. 交际界定导致语用失误

在跨文化交际时，交际者对对方的文化掌握得不够全面，就会造成语用失误。比如，中国人习惯询问他人的年龄、工资、婚恋状况、所购物品的价格等，自认为是关心或喜欢与对方交往才会如此表达。而外国人认为这是自己的隐私问题，不宜在社交场合公开谈论。这方面在对外汉语教材语料使用中，也是一种普遍现象，西方人则对此很敏感，甚至反感。在与学生交往过程中，汉语教师往往会热心提醒学生衣食住行方面的注意事项，而作为成人的学生并不一定领情，甚至觉得教师过于干涉他们的个人行为，或小瞧了他们的判断能力与自理能力，从而产生不快。

3. 角色意识导致语用失误

中国传统教育中，师道尊严使得教师一直处于被尊敬的地位。师生之间的交流基本是导师引导、学生回答这样的模式，课堂一切进度与环节都在教师的掌控之中。而在汉语国际教学中，这样的格局并不能适用于任何课堂。不同国家与地区的来华留学生对待汉语教师都是尊敬的，但是在教学过程中，他们积极学习的态度往往会不停地打断教师的讲课程序，影响教师的讲课进度，学生会对刚刚听课过程中自己没有理解的问题随时发问。针对这种情况，一部分教师能够及时调整心态以应对这种自由开放的互动式教学，与学生迅速建立起合作友好的沟通关系，创设愉悦轻松的教学课堂；而另外一些教师则始终坚守自己的教师身份，从表情到身体都流露出一种“为何要打断我的讲课秩序”的情绪来，甚至有教师说出“这个问题我上节课已经讲过了，你不认真听讲或者你没来听课跟我没关系”等诸如此类的怨言来，严重影响了师生之间的关系，也就失去了建立合作关系的良好契机。

（二）语用差异

在跨文化交际中，同一种语用表达在不同文化背景的交际中往往有不同的含义。人们能够容忍对方语音的缺陷或语法的误用，但对语用的失误，人们常常把它归结于不礼貌或不友好，甚至认为是粗鲁和恶意的自然流露，因为各自民族或文化群体固定的文化模式制约相互之间的沟通与领会，甚至会带来一定的冲突，产生尴尬的局面，直接影响到交际的效果。

以一种包容的姿态对待所有的异族文化，语用失误就会大大减弱。我们应当承认，本民族文化中视为阳光的、正义的，也许不能被另一种文化所理解。因为每一种文化的判断标准是不同的，绝不可认为自己所处的价值标准是先进的，而另一种价值标准是落后的。每当交际双方编码与解码出现偏差时，交际活动中语用失误的发生就不可避免。

1. 称呼语的误用

不同文化背景的人在说话方式或语言使用习惯上有很大的差异，如果我们忽视了这些差异，意识不到文化因素对跨文化交际的影响，就会不自觉地受到本民族语言使用习惯的影响和干扰，在跨文化交际中就会犯“文化错误”，让对方感到迷茫或困惑，甚至引起相互之间的误解。不同国家、不同种族，面对的关系图式基本一致，称谓方式大同小异。但不能小瞧这“小异”，这可作为一个镜像，折射出不同国家在文化上的差异。比如汉语中由词头“老”构成的称呼语，老王、老李、老刘等是表示对对方的尊敬，后来由此衍生出“老外”这个词语，统称外国人，在实际使用中并不能让外国人愉快地接受。在2000年，毕继万先生就这个词语的使用专门发表文章，明确提出：“老外”一词还是慎用为好。但是这么多年过去了，这个并不受外国人欢迎的称呼语竟然进入部分教材，让留学生很无奈，在教学中往往需要花时间去解释。2007年东南大学还出版了一本《老外在中国》的汉语教材，网络媒体方面也出现英语脱口秀《老外看东西》《老外在中国》等栏目，而中央电视台首个以外国人为主体的纪实性专题节目的名称却是《外国人在中国》，语体很正规，很得体。笔者认为“老外”一词还是得慎用，它仍旧是一个值得商榷的称呼语。

2. 问候语的范围

问候语是日常生活中频繁使用的言语行为，在跨文化交际中有着很重要的作用。问候语表面看是一种礼貌语的使用，似乎没有什么有价值的信息，但是它传递的信息是潜在的，表示双方的友好关系的建立或延续。汉语的一些询问式的问候语常常因与对方文化因素的差异，造成一些本不该发生的误会。比如，你到哪里去？你吃了没有？今年多大啦？你家里有些什么人？你的爸爸收入高不高？你的妈妈为什么不工作？你怎么还不结婚？等等诸如此类的询问语，让大部分留学生觉得中国人喜欢探听隐私，甚至觉得很不舒服。再有，在教学中当请学生介绍“我的家”之类的话题时，有的教师非得纠正学生表达中的“我家有爸爸、妈妈、哥哥、我，还有小狗皮特”这样的句子。在西方人眼里，小狗就是他们家庭的一分子，自然是“我家”的一个成员。再有，汉语教学中，我们也常常面对这样的句型练习：你好，好久不见，你的身体好吗？

我很好，你呢？……其实这样的句型是英文翻版，并不是汉语的常用问候语。达到较高汉语水平的留学生很快发现，在与中国人的沟通中，中国人并不喜欢这样的问候语，大多数中国人与普通人交流时并不是很乐意把自己的身体状况作为一个话题来谈论。诸如此类的问候语，在汉语教学中，我们主张求同存异，尽量使用双方都能够接受的语句，以确保交流的质量。

3. 态势语的界定

在人际交往中，交际者的风度美、气质美、形象美等，都必然给对方留下良好的印象。因此态势语的运用不是一般的信息传递，而是一种人与人之间的心理沟通，一种情绪和情感、态度和兴趣之间的相互交流和相互感应，是语言交流的最好补充，而且是一种十分有效的沟通手段。在人际交往中，人与人间隙的大小取决于沟通情景及交际双方的关系。交际距离远近又受到不同国家、不同民族的历史文化背景以及习惯、性别、政治地位的影响，因而人际交往距离的远近就有不同的观念。比如，中国人为了表示彼此的亲近，长辈在夸赞对方孩子的时候，伴随的体态语常常是抚摸对方孩子的脑袋或搂抱孩子等动作，这在欧洲人眼中是不尊重孩子的举动，因为他们的传统教育是，只有父母才可以抚摸或搂抱自己。未经许可，外人不得随意抚摸或搂抱对方的孩子。因此，在跨文化交际中，必须清楚地了解什么行为是对方比较忌讳的，哪些行为是对方接受和认可的。只有正确掌握并辨析彼此文化上的种种差异，规范个人的行为举止，才能保证跨文化交际顺利进行。

文化人类学家爱德华·霍尔认为每个人都有自己的空间需要。他认为人类独有的空间表现为四个区域：①亲密距离；②个人距离；③社交距离；④公众距离。对外汉语教学中，通常使用的是公众距离，有的教师忽略了这个界定，引起了学生的不快，就会影响跨文化交际的效果。当然，人际交往的空间距离不是固定不变的，它具有一定的伸缩性，这依赖于交谈双方的关系、社会地位、文化背景、性格特征等。只有当交际双方了解了彼此所需的自我空间及适当的空间需求时，才能有意识地选择最佳的社交距离，更好地开展跨文化的人际交往活动。

二、跨文化交际与汉语言教学

在汉语国际推广的大背景下，如何更好地进行跨文化交际与对外汉语教学，是学者同人需要探索的共同话题。

跨文化交际的基本理念是确认文化存在差异性和多样性。这就要求跨文化交际者不仅要依据自己的思维习惯和行为方式，选择适合自己的语言编码程序，而且要了解对方与自己有关联的所有的关系。这里面包括所有的自我特征、文化的独特性与认同感，再进行双方都认可的语言编码程序。因此，研究跨文化交流就意味着我们必须深入研究交际学、文化学、心理学和社会学等理论知识，并且在汉语国际推广中加以运用。

（一）熟知各国的礼仪文化

跨文化交际的双方来自不同的社会群体，拥有不同的文化背景。因此，了解并熟知不同的文化背景与风俗习惯已经成为跨文化交际中一个不可忽视的重要内容之一。近几年汉语国际教育事业的快速发展，使得来华留学生的文化背景更为复杂多样，对外汉语教学不再是简单面对西方人，或是亚洲人，而是同时面对不同信仰、不同民族、不同种族的人。因此了解各国的风俗习惯、信仰与禁忌，尊重各国的交往礼仪，区别言语之间的差异，就显得更为重要。比如，中国人喜欢的数字 6，西方人认为是不吉利的野兽数字；俄国人偏爱的 7，加纳人视为不祥之兆，在中国人的礼仪交往中也是一个忌讳数字；俄国人喜爱的 3，在汉语中同样是极为活跃的数字，3 在汉族文化中往往表示很多、极多，甚至是表示尊贵之数，如“道生一，一生二，二生三，三生万物”；三生有幸、三思而行、三朝元老、三绝韦编、三句不离本行等。不同国家与民族对数字有着不同的喜好，因此“在跨文化交际中慎重运用数字就显得十分重要，掌握不同民族的数字文化，可以帮助人们克服语言交际中的文化心理障碍，促进相互沟通，使交际更为顺利，人际关系更为和谐”。

（二）包容并理解异族文化

在跨文化交际中，许多事实证明，当交际双方对彼此文化上的差异了解得越多，认识得越深，跨文化交际就能顺畅进行并获得成功。所以，交际双方在文化方面的相互包容与理解就显得至关重要。

为了满足自身的需求而创造出来的本民族物质和非物质产品的总和就是本民族的文化。当不同文化群体的人们在进行持续不断的直接接触时，文化适应性便产生了。文化适应性主要体现为一种文化对于另一种文化环境的适应，有时也指文化的各个部分的相互适应。确认文化的差异性和多样性的过程又是一个不断超越自身文化的过程，即通过反思自身的文化价值，由民族中心主义向文化价值平等的方向转变。

跨文化交际不仅仅从理解尊重异族文化差异的角度进行说教，而且必须从文化交流实践过程中去感知、理解并解开双方的心结，以达到包容、适应、理解的目的。洪堡特曾在探讨人类语言结构的差异时指出，不同的语言，不同的民族，都是人类精神以不同方式、不同程度自我显示的结果，语言是精神的创造活动，或者说是“精神不由自主的流射”。人类的跨文化交际活动都是人类精神以不同方式、不同程度自我显示的结果，探求各种文化之间的微妙的心理差异，寻求不同文化之间对话的可能性，是跨文化交际研究中的另一个有效路径。

（三）知己知彼，提高认同感

21 世纪是跨文化交际日趋频繁的时代。重视并开展相关的跨文化交际活动的教育已成为世界公民素质教育中的一个重要内容。这种教育不仅可以帮助交际者提高对文化差异的认知度，还可以帮助交际者提高自身的跨文化交际能力，力求避免跨文化交际中的语用失误和行为习惯的不得体。

在跨文化交际中，人们常常以本族文化的行为习惯来解释和评价另一种文化现象或他人的行为，用本族文化的语用规则去套用另一种文化中的语用规则，这种因语用迁移造成的交际障碍屡见不鲜。比如，汉族文化中特别注重面子，双方在交往过程中，无论是小到时间的商定，大到请客送礼都是要考虑面子问题的。维护自身形象和寻求他者认同是在汉族文化人际关系中显得尤为突出的一大特点。离开他者的理解和认知，自我认同就变成了自言自语，失去了意义。根据丁允珠的“面子—协商”理论，中国人所讲究的积极面子包括“要面子”和“给面子”。“要面子”表示人们生活在群体当中，有被接纳、被保护、被包容的要求；“给面子”是鼓励、支持并满足人们对被包容、被接纳、被承认的需求。这种群体价值导向的文化处理冲突的策略一般是谋求“群体包容”，也就是通过不断地“给面子”，来满足人们的“要面子”，从而化解冲突。这种面子协商策略在中国文化群体内是有效的，一旦转移到与他者的跨文化交际中，“面子协商”由于文化的差异，不能分享面子的意义，就无法在面子问题上沟通了，这种谋求他者包容的“要面子”心理很难得到西方人的理解。因此，在跨文化交际中，许多民族文化尤其是发达国家的文化是崇尚平等与自由的。只有了解了彼此之间的差异，才能避免让“面子”尴尬。

（四）强化文化认同意识，提升交际能力

汉语国际教师和来华留学生管理者都应增强文化差异的认知能力，提高跨文化交际的能力，不断提高语用的应变能力，在教学中得体得当地进行交流，逐步提高汉语教学的效率。

第八节 从外来词的跨文化翻译看跨文化教学

词语的贴切翻译是一种语言成功进入另一种语言的保证，语言是文化的载体，所以其中就包含着不同文化的转换。与此同时给这些翻译词的教学在跨文化层面上提出了要求。

语言，是一种“表现、传达思想感情的主要手段”，它是一种文化现象和社会活动，所以，语言就无可替代地成为反映这些变化的承载者。

外来词，我们通常又称之为借词，即从其他语言中借用过来的词语。每个民族其特有的语言承载着其特有的文化，所以语言间的交流往来也是文化的交流往来。因为一种语言不仅有自己的独立性和排他性，与此同时也有它自己的亲和力和接纳性，所以语言才可以被人类所继承并且自己又在不断的完善和发展之中。随着时间的推移，时代和科学技术、人们思想观念的转换，语言需要不断输入新鲜血液来和时代保持同步。外来语的出现，给本民族语言带来了新的思维方式、新的表达方式，以至于语言不会被时代淘汰。语言学家萨丕尔说：语言，像文化一样，很少是自给自足的。

外来词的吸收借用形式有很多种，翻译形式分为纯音译、纯意译、音意兼译、创造新词、附加说明等。翻译的标准是“忠实、通顺”。因为一些历史的原因，在翻译中，采用直接音译的很多。但语言的翻译并不是需要单纯的音译，更需要的是一种能够将发音和意思相结合的翻译。语言之间的转换过程，也是文化的转换过程，语言不是对等的，所以文化也不会是对等的，翻译是一种与时代、历史及文化相结合的艺术，因此在翻译的过程中应做到与该种文化最紧密的结合。因为从文化角度来看的话，中国是东方文化的代表，相对应的，语言是文化的承载和外在表现形式，所以汉语就是中国文化的代表，而英语则是西方文化的代表，而我们知道东西文化的差异是巨大的。而且想要了解外国文化，就需要和外国人交流，语言是通向文化的第一道关卡，所以就需要精准的翻译，进而这种文化差异就是翻译中的一道难题，这一事实已经被翻译工作者所认识到，所以在翻译研究中也出现了“文化转向的趋势”。针对翻译过程中文化因素的复杂性问题，美国著名翻译理论家奈达指出：“对于真正成功的翻译，双语文化甚至比双语更重要，因为词语只有在其作用的文化背景中才有意义。”

一、外来翻译词翻译法的分类

（一）纯音译法

音译法系纯语音翻译，是以读音相近的字翻译外族语言而形成的单纯词，还有的是从外族（包括国内其他民族和少数民族）语言借来的词。这类词在日常生活中比较常见，如沙发、雷达、白兰地，著名的品牌音译的有香奈儿、路易·威登、古驰等。纯音译词的语素在单独出现时是没有任何意义的。

（二）纯意译词

就是用本民族语言的构词材料和规则构成新词，把外语里某个词的意义移植过来。例如，电脑、冰箱、学校、植物等，这些词都是用汉语的构词材料构成新词，然后和外语里的词进行对应。因为运用的都是本民族的构词材料，所以意译词不属于外来词。

（三）音意兼译词

这些词在语音形式上与外语原词是有联系的（只是声音上相近，并不完全对等），而且其“意”也和外语原词的意义有关，但是从单独的汉字可以表示的意思与外语原词中某个音素或者音素组合的比较来看的话，是没有相对应的关系的。音意兼译词的“意义”是就词的整体意思来看的。汉语词的“意”与外语原词所表示的事物的性质、形象或区别性特征有关。音意兼译词，翻译的时候通常要求做到“神形兼备”。外来词在与中国文化的碰撞交流过程中，翻译要做到严复先生所说的“信、达、雅”，尤其是外来品牌要在中国打开市场，就要用适当的包含文化的翻译去迎合中国的消费者。而在音意兼译词的对外汉语跨文化教学中，更可以引经据典，用完美契合品牌内涵精神的翻译当作教材。例如，瑞典著名的品牌宜家，英文名为 IKEA，中文名是音译加意译的结合，“宜家”二字出自《诗经》典籍《诗经·周南·桃夭》：“桃之夭夭，灼灼其华。之子于归，宜其室家。桃之夭夭，有蕡其实。之子于归，宜其家室。桃之夭夭，其叶蓁蓁。之子于归，宜其家人。”整句诗都是在表达人们组成一个家庭之后，家里的美满和幸福之感；而宜家的经营理念是：美好生活。品牌理念和中国文化产生了共鸣。它完美地翻译出了和这个品牌相似的汉语发音，更妙的是意译，因为这是一款家居品牌，主导思想就是让人们拥有一个美满幸福的家，所以在内涵上更是和诗经达到契合，并且运用了中国人熟知的《诗经》，这样就很能引起国人对这个品牌的兴趣，并且具有亲切感。可口可乐，是中国人再熟悉不过的品牌，“可口”表达出了这个饮料带给人们的美好的感官感觉，“可乐”又形象地表达出了人们在饮用了这款饮料之后内心快乐满足的感觉，而且品牌的外语发音和汉语发音非常相似。不得不说，这是一个成功的品牌翻译，它成功地融合了中国的文化和中国人的心理需求，除了饮料本身带给人们的感觉，这款译名也是可口可乐畅销中国的原因之一。还有一个品牌，叫露华浓，英文名叫 Revlon，是一个化妆品品牌，在进入中国市场后取名露华浓，它来自李白的诗句：“云想衣裳花想容，春风拂槛露华浓”，很有诗意的名字，作为一个化妆品品牌，也很好地和中国古诗产生了共鸣。

二、外来翻译词在对外汉语教学中的跨文化教学

外来词的翻译在对外汉语教学中，并没有专门的章节来进行讲解和教学。但是笔者认为，由于好的外来翻译词，尤其是音意兼译的外来词，很好地融合了汉语和外语、中国文化和外来文化，所以学习外来翻译词，尤其是音意兼译词，能让留学生更好地理解语言和文化，所以，笔者认为在对外汉语教学中，应做到：

（一）外来翻译词教学应从留学生的汉语水平初级阶段就开始

因为处于汉语水平初级阶段的留学生不管是在生活中还是在学习过程中，如果他们接触到纯音译词，比如“沙发”这个词，通过读音，他们就会比较快地理解并知道这个词的意思，并且这是日常生活中最常见的单词，他们很快会将单词和实物对应起来，这样记忆起来也是比较容易的。所以在汉语水平初级阶段，笔者认为，教师需要灌输给学生音译词的概念，为学生后一阶段学习并理解意译词打下基础。

（二）文化应该为语言的学习服务

在对外汉语教学中，文化教学应该首先是为语言教学服务的，语言教学的基础打得好，文化教学也会进行得更顺利。因为，语言是文化的载体。文化的一部分是透过语言体现出来的，而且是最直观、最普遍的体现。所以，在留学生汉语水平不断提高的过程中，就需要贯穿融入外来翻译词的教学。在学生记住意译词的同时，进行音意兼译词的讲解，必要时可以加入各国品牌中文翻译的讲解，让学生了解到中国文化以及中国人的心理，这样留学生也可以在潜意识中，在进行遣词造句时，随着他们汉语水平的不断提高，做到语法上没有错误，同时理解其所处国家的语言以及人文环境，做到语言运用上的“入乡随俗”。也就是说，不仅要做到语法运用上的正确，而且要做到运用上的得体。

（三）专业的文化课程学习

在学习语言的高级阶段，学生已不满足于能够写出没有语法错误的句子，而是想要进一步在自己的遣词造句中把自己所学语言的国家的文化内涵融入进去。这个阶段，就需要对学生进行文化讲解，但是语言的运用毕竟是灵活的，所以在这个阶段就可以利用一些很好的外国翻译词的例子来进行讲解和教学，帮助学生更好地理解以后再运用到自己的语言当中。例如，黑客（Hacker）这个词，就很好地翻译出了英文的语音和内涵。

（四）注重生活和学习过程中的知识搜集

教师可以布置学生搜集日常生活中与自己息息相关的品牌翻译，然后陈述自己的理解，再结合自己国家的品牌从语音和语义两个角度翻译成中文来进行讨论练习。这个过程是要在留学生汉语水平的高级阶段或者更高级阶段才可以实施的，因为在这个过程中要求对目的语国家的语言和文化有更高的造诣。在初级阶段容易使学生产生学习上的挫败感，这样是不利于学生的学习和教师的教学的。

跨文化教学包含着语言和文化的双重教学，外来翻译词的教学根据留学生不同的阶段进行语言和文化不同比例的教学，语言和文化相互补充，会促进学生的语言水平进一步提高，更可以加深学生对汉语和中国文化的理解。

第四章　跨文化与对外汉语教育教学实践探究

第一节　提高对外汉语教师跨文化适应能力的对策

随着国家经济实力和综合实力的不断增强，中国在国际上的地位也越来越重要，在这样的国际大背景下，汉语逐渐走出国门，走向世界，汉语学习者的数量也在逐渐增加。汉语学习者数量的大幅度增加使得对外汉语教师的师资队伍也逐渐加强，但即使是这样充满光明的发展前景，仍然存在着问题和不足。对外汉语这门学科是近些年来随着国家综合实力的提高才发展起来的，出现时间短，人们对这门学科的认识还不够，对外汉语教师还不能很好地适应这种现状。

中国在国际上越来越有说话权，这就使得中国的母语——汉语逐渐为世界所接受，汉语学习者的数量逐渐增多，但是汉语的博大精深、学习难度大的特点造成了国内外对对外汉语教师的强烈需求。由于以前汉语学习者比较少，所以对外汉语教师数量也比较少，不能满足现在国内外对对外汉语教师的需要，许多中国人对对外汉语学科的认识不够就加入对外汉语教学队伍中，这是对教学事业的不尊重，也是对汉语学习者的不负责任。并不是会说、会写普通话的中国人就可以做对外汉语教师，这一学科对教师有着极为严格的要求。

一、汉语教师方面

（一）培养跨文化意识，合理看待出国任教

跨文化意识中最重要的一点就是对“跨”字的正确理解，“跨”字就是跨越。跨文化意识是全球化现象中普遍存在的一种文化交融现象，也就是在自身的语言、历史、生活环境等方面都有着明显的不同，这种跨文化意识既存在于我们和周围朋友身边，又是国家和国家之间、区域与区域之间的文化差别。可能跨文化意识在我们身边时我们就觉得是简单的习惯不同，但对于异质文化就不那样想了，会更加敏感。有些汉语教师跨文化意识不强，不能合理对待出国任教，这种教学态度很显然是不对的，对于

对外汉语教师来说，跨国意识的培养是很重要的，一些国家的文化习惯和生活习惯与我们不同，许多教师就对出国任教持消极态度。只有以专业态度对待出国任教才会起到事半功倍的效果。

（二）加强语言学习，减少跨文化冲击

在对外汉语的教学和学习过程中，语言的学习是至关重要的，对其他国家的语言文化持一种包容态度，即使是那些认为不太好的语言文化也要持开放态度，毕竟国家不同，接受的文化教育也不尽相同。在对外汉语教学过程中，教师首先要对本国文化持有保护态度，对本国文化充满自信，又要学习他国文化，尤其是他国的语言学习，这对于真实且具体地了解一个国家是很有必要的。在跨文化交际中，跨文化冲击是必不可少的，尽管已经尽可能地避免，也可能会发生冲击，这就要求对外汉语教师对本国文化和他国文化认真了解，找到根本原因，对症下药，用平和的方式去解决问题。

二、汉办培训方面

（一）增强培训的实践性，丰富跨文化交际课程内容

“实践出真知”是古往今来流传下来的一句话，但是在实际的教学过程中，许多对外汉语教师只是理论知识丰富，在实际的教学过程中因为工作经验不足经常会出现失误，这就需要增强对外汉语教师的实践性。教学是一项十分严谨的事情，尤其是对那些汉语学习者来说，他们本来就不熟悉汉语，对中国文化不够了解，他们对汉语、对中国的了解都是源于对外汉语教师的教学中。对对外汉语教师加强培训，可以在一定程度上减少对外汉语教师的教学失误，又可以丰富跨文化交际课程的内容，更好地展示汉语的博大精深。

（二）增强对赴任国的介绍，引导志愿者做好心理准备

对外汉语教师的教学范围不仅仅是本国，毕竟本国的汉语学习者只是一些国际友人，他们的汉语水平基本过关，对对外汉语教师有迫切需求的通常是国外的一些国家，这些地方的汉语学习者才是主体，这就要求对外汉语教师走出国门，去他国教学。在异国的日子是孤独的，这种孤独是文化差异造成的，大部分对外汉语教师并不能很好地消除孤独，这就需要汉办培训方面在培训时加强对对外汉语教师的心理疏导，尽可能多地增强对赴任国的介绍，使对外汉语教师对赴任国更加熟悉，做好心理准备。

三、赴任学校和孔院方面

（一）完善对汉语教师的管理和服务，确保交接工作的完成

对外汉语教师的出国教学是一项复杂且艰难的任务，需要诸多程序。对对外汉语教师必须要按照规定严格管理，防止出现混乱现象，增添一些不必要的麻烦。完善对对外汉语教师的管理和服务，确保交接工作的完成，才能更好地消除对外汉语教师的后顾之忧，使他们能更好地投入教学中。

（二）为汉语教师提供语言培训，创造学习语言的机会

语言的学习是汉语学习者学习的基础，更是对外汉语教学的起点，如果教师的语言基础不过关，就不能做好教书育人的工作。对外汉语教师在教学过程中必不可少地会使用汉语和赴任国语言，只有对赴任国语言进行了解才能够很好地教导赴任国的汉语学习者，这就要求赴任学校和孔院方面为汉语教师提供语言培训，创造学习语言的机会，使对外汉语教师在日常生活中了解赴任国的语言。

四、派出单位方面

（一）提高汉语教师的教学能力，培养汉语教师的角色意识

在教学过程中，教师的教学能力是决定学生学习的关键因素，派出单位要提高汉语教师的教学能力，培养汉语教师的角色意识。一些汉语教师出国后会因为文化差异等原因出现不认真教学等情况，这是不对的，因此，派出单位要对汉语教师的教学能力进行考察，并根据他们的教学能力进行不同程度的培训，切实地提高他们的教学能力。

（二）建立经验分享平台，实现资源长期共享

汉语教师一旦去赴任国教学，同国内的联系必然就会减少，两边的沟通不密切就不能进行教学沟通，积累的一些问题和经验就会被搁置，这样的现状对对外汉语教学是不利的。经验分享平台的建立可以使师生及时地进行沟通，发生教学失误时，国外和国内的教师可以及时给出解决办法，还可以为日后的教学工作提供经验，实现资源的长期共享，可以说是一举数得。

总而言之，目前的对外汉语教学各方面都还不够完善，还亟待提高，只有提高对外汉语教师的跨文化适应能力才是解决这一问题的根本方法。

第二节　对外汉语口语教学的跨文化交际能力侧重

对外汉语口语教学有着区别于其他方面教学的特殊性，其对学习者和教学者的跨文化交际能力的要求往往更高，特别是教师良好的跨文化交际能力能够使得汉语口语课堂更加顺利地开展。把握汉语口语教学中所侧重的跨文化交际能力运用方向对于提高汉语口语课堂利用率来说具有重要意义，本节中笔者结合自身口语教学经历就此进行思考。

“跨文化交际”是指本族语者与非本族语者之间的交际，也指任何在语言和文化背景方面有差异的人们之间地交际。

从对外汉语专业的角度看，“跨文化交际”的概念可以这样界定：在特定的交际情景中，具有不同的文化背景的交际者使用同一种语言（母语或目的语）进行的口语交际。跨文化交际一般具有这几个特点：①文化的生长差异性，文化差异主要是发生于不同文化圈之间的差异。②适时的言语统一性，交际的语言对一方来说是母语，而对另一方来说必然是第二语言。③直接的言语交际性，从对外汉语专业来看，我们注重实时的口语交际，即双方面对面地交谈。

比如中国人比较注重谦虚，在与人交际时，讲求“卑己尊人”，并把这看作一种美德，在别人赞扬我们时，我们往往会自贬一番，以表谦虚有礼。西方国家人群多数没有这样的文化习惯，当他们受到赞扬时，总会很高兴地说一声“Thank you”表示接受。由于中西文化差异，我们可能认为西方人过于自信，毫不谦虚；而当西方人听到中国人这样否定别人对自己的赞扬或者听到他们自己否定自己的成就时，会感到非常惊讶，不太理解这种“不诚实”。

一、教师的跨文化交际能力对汉语口语教学质量的影响

（一）对外汉语口语教学的特殊性

汉语教师在口语教学的过程中不难发现此部分的教学具备不同于其他部分教学的几个特点：

1. 汉语口语教学内容本身具有相当高的灵活性和多变性

汉语口语具有一系列不同于书面语的特征，汉语口语表达中的重音、停顿、语调、节奏、独特而生动的口语词汇、俗语和谚语、大量的习语、多变的句式及特殊的口语表达格式等，都使得其多变而丰富。在教学中，针对初学者提出的种种问题更难完成对其完整的概括和说明。特别是当教学对象往往又是来自不同语言文化背景的学生

时，母语迁移作用和不同的学习动机对汉语口语学习的接受能力又不尽相同。

2. 汉语学习者的口语能力和水平较难进行定时定量化的预测和确定

目前的口语能力测试多数停留在短时间内的学习评估上，不像阅读、写作、听力等测试能够基本上确定大致的测考题型和作答时间，并且基本上能够较为准确地反映出学生大致的学习水平。但由于学生的口语状态会更容易受到多种因素影响，包括主观情绪和客观影响，比如学生当天的情绪、学习动机、兴趣、学习环境、教师情绪等一系列因素都有可能会影响到学生的口语测试水平。

3. 汉语口语教学的特殊性又体现在课堂的相对有限性作用上

目前国内汉语口语教学总体来说还是相对传统的，课堂教学收效不高，教学方式相对来说还是比较单一的，受传统教学方式影响较大。在中高级口语课堂上，教师依然还在大量使用教读方式，学生跟读、复述、造句，其方式几乎和综合课没有区分度。依托口语教材进行的传统口语教学已经难以满足目前大多数学生的学习要求，目前所能达到的教学效果常常不尽如人意。口语课堂有时候只是反映学生口语水平的一个载体，如何利用好这个载体并且引导他们发散思维，激发他们主动开口说话，而非简单照着课本背诵阅读，即所谓抛砖引玉，应是汉语口语课堂应解决的问题。

（二）教师的跨文化交际能力能够直接影响口语教学开展

这一部分笔者根据自己的口语教学经历说明了跨文化交际能力的提升对口语教学的展开能够产生巨大影响。

Hill 是一个澳大利亚男生，来成都某公司实习半年。笔者最初给他上口语课时发现他并不如自己想象中的澳大利亚人一般开朗健谈，反而他的性格较为内敛羞涩，心理障碍较多，对母语的依赖程度非常大，不愿意尝试用汉语来表达话语，在回答教师提问或与教师交谈时，常常会中间卡壳，找不到表达意念的词语；经常断断续续，组不成句子，课堂上注意力也不集中，对书本上的东西非常抵触。最开始笔者对这种情况的处理经验欠缺，采用了很多硬性干预手段，反而还引起了一些不愉快，既阻碍了自己开展教学，也严重影响了学生学习的热情。后来笔者经过自己的思考总结，深知要达到他的学习目的首先就得提高他的学习兴趣和建立他对自己的信任。笔者开始对他进行了一些侧面了解，根据他汉语零基础，年纪较小，思维活跃，想象力丰富，喜欢川菜等特点及时调整了某些教学思路，在初期阶段基本以其母语作为课堂媒介语，在上课之前尽量和他进行简单轻松的交谈，话题一般涉及他的兴趣导向和他家乡的美景美食，90% 依据课本核心内容推进的同时，设计一些有趣的对话游戏，适当补充一些他非常感兴趣或是紧贴他工作生活的词汇、短语、句子，适当改变教学场景，比如在学“买东西”这一课时带着他去真正的商店完成指定的任务。尽量在相对轻松的环境下，实现他的口语自然习得和生活上的适应。后来发现他的学习状态开始发生了巨大改变，不仅在课堂上能够积极回答笔者的问题了，也愿意主动开口问问题了。几个月下来，他除了对书本上的基本内容熟练掌握外，还能说一些简单地道的成都话，基本上实现了笔者的教学目的。

当然，小班型的口语教学和大班型的口语教学对跨文化交际能力的侧重还是有所区别的，这其中的策略和方法，还有很多值得探讨和思考的地方。

二、针对对外汉语口语教学特点的跨文化交际能力运用侧重点

（1）对于口语教学课堂特别是人数较多的课堂来说，要策略性地避免不同文化背景学生分组的固定性和交际任务探讨的长期分散性。学习者文化背景的多样性使得他们在异乡的口语课堂交际训练中，更容易自动寻找文化背景相似甚至语言相通的人群进行口语交际训练，因为在交际训练任务开始前他们更容易沟通和计划，并使得交际训练更加顺利地开展，获得高分，等到口语课堂结束之后，又回到和自己文化背景相似甚至语言相通的人群中去，获得所谓的语言安全感。这种情况实际上对于汉语口语的学习是非常不利的，想方设法为自己寻找舒适的母语环境和母系文化圈会让自己渐渐产生对母语的依赖，如果学习语言无法暂时剪断这层脐带，会直接影响到口语学习的进度和效率，口语教师最好能够多样地安排交际讨论小组。

（2）在口语课堂中，要想更好地处理与文化相关的话题口语教学，除了需要教师对文化差异有高度的敏感性以及融合能力外，还需要对外汉语教师拥有比常人更强的跨文化交际和适应能力。这些能力起码包括以下几个层面：熟练掌握至少一门常用外语；熟练运用交际社会语言学知识；掌握有限的语言手段和成功展开交际的策略；能够掌握不同交际风格；掌握人际交往的基本原则；掌握避免和澄清交际误解的策略。有的教师为了避免文化冲突，甚至直接跳过一切可能会产生冲突的文化话题，这样也并非良策。不同文化背景的学生，既然选择了来学习汉语，来到中国，那么就已经做好了入乡随俗的准备，首先就应该尊重目的语国家的国际立场和文化倾向，这样也能避免在课堂上学生之间对不必要的话题过度地争辩和讨论。

（3）有效地将不同学生的文化特质特点融入口语课程教案设计，尽量运用更加多样化的教学手段，创设多文化交叉氛围的口语学习环境，这一点对汉语教师的口语教学课前设计是一个很大的挑战。不仅需要综合不同学生的文化特点，还要引领他们更好地融入目的语国家文化中，把被动接受、学习目的语文化变成主动探索甚至热爱目的语文化，进一步促进汉语口语的习得能力。教师可以适当利用多文化背景人群的口语情景视频、音频、表演、讨论，甚至是将课堂开展到真实的语境中去，最大限度地提高“课堂参与度”。总之，强化他们的跨文化交际意识，求同存异，避免课堂甚至课后的不必要的文化冲突，才能真正利用好有限的课堂时间以达到更好的口语教学成效。

总之，对对外汉语口语教学的特殊性来说，其教学基本上都要依赖于交际性任务的开展、运用和累积，而其教学本身的顺利开展对学生的跨文化交际能力的要求也非常高，对教师的跨文化交际能力的要求往往更高。有效地针对汉语口语教学寻找到运用跨文化交际能力的侧重点，是需要教师长期学习和积累的。

第三节　对外汉语教学中师生关系的跨文化研究

师生关系的处理是课堂教学环节中最为基本的一环，也是教学得以正常进行的重要保障，这在对外汉语教学中也同样重要。本节通过比较法、文献法、案例分析法等研究方法，从跨文化交际的基本理论出发，通过对比中外课堂中师生关系的特点，分析以“强交际环境”为文化背景的中国教师与大部分以“弱交际环境”为文化背景的外国学生在跨文化交际中产生的冲突，并提出相应的解决措施。

一、师生关系概述

教师与学生的关系既包括教与学、教学相长的关系，也包括以人际交往为前提的人际关系。这种关系既理性，又感性。

汉语教师一般是从小接受中国传统文化熏陶的中国人，处在“强交际环境”文化背景下的汉语教师，在进行对外汉语教学的过程中，习惯上采用较为“强势”的单向教学模式，即教师灌输知识，学生端坐被动接受知识的模式；而大部分西方国家的留学生从小都处在“弱交际环境”的文化背景之下，“平等”“民主”的观念已经内化在他们的价值观之中，于是他们喜欢在课堂上发问、讨论，发表自己的看法。处在两种截然不同的文化背景下的中国教师与留学生在进行交际的过程中，必然会产生诸多的冲突。

二、中外课堂中的师生关系的比较

（一）中国课堂中的师生关系

几千年来，中华民族形成了以仁义观、忠孝观、礼仪等级观等传统儒家思想为精神内核的民族精神。而“尊师重道”则是中国传统礼仪文化的重要组成部分，在知识与教学的领域，教师常常是高高在上不容冒犯的对象。教师代表着权威，学生必须也服从于这种权威。这些都与中国人含蓄、内敛、尊重他人的性格传统有关。中国的教育模式追求系统化、规范化、程序化，这有利于发挥教师的作用，使学生能比较快捷地获得前人所积累的知识。

中国文化是群体文化，所以中国的教育强调社会群体的目标，培养从属性，要求合作与相互依靠，追求和谐。这种文化导致了中国学生的沉默以及课堂气氛的沉闷。中国学生的学习方式一般是依赖型、被动倾听型、谨慎思考型。学生在课堂上表现出对教师的极大依赖，极度渴望得到教师的指导和反馈；学生习惯被动倾听教师的讲解，忙于做笔记，课下进行模仿和练习，在模仿练习中学习知识；面对问题，学生总是喜欢谨慎思考，再慢慢悟出答案。

（二）西方课堂中的师生关系

如果说中国民族精神的核心是儒家思想，那么西方精神的内核则是“独立、平等、民主”的自由观和权利观。在这种文化的长期浸染下，西方人格外强调独立的人格与个性，崇尚自由，注重维护个人权利与领地，重视人格上的平等。因而在西方人眼中，教师与学生是完全平等的，都是行动自由、相互独立的个体，教师没有权利干涉学生行动上的自由与人格的独立，学生也要为自己的行为负责。西方的教育模式以美国的杜威的教育模式为主，即以学生、活动、经验三者为中心，目的是培养学生的兴趣，经验活动较多，便于开拓学生的创新意识。

西方文化是个体文化，个人主义是西方最重要的文化模式。课堂文化作为其主导文化的延伸，其价值包括独立性、个人主义和实用主义。教师与学生的关系比较自由，学生可以自主发表自己的看法，对教师提出疑问，教师也鼓励学生多参与课堂讨论，敢于表达自己的看法和主张。学生的学习方式一般是独立学习型、主动参与型和冲动反应型。

三、建立跨文化背景下的新型师生关系

（一）求同存异，合作趋同

处在两种不同文化背景下的师生交际必然会遇到种种的冲突，因此师生双方都应该学会用跨文化的眼光和方式与对方真诚地沟通。中国教师应该理解西方学生心中的平等观念，努力摆脱自己是“权威”，学生必须听从教师的观念，尝试与学生平等相处，这样也更有利于学生卸下防备，更好地开展教学活动。外国留学生也应该尊重中国老师的授课风格，俗话说“入乡随俗”，虽然西方课堂中的模式有利于学生积极地思考和成长，但不得不说中国的教育模式有利于学生进行系统的学习，这对于留学生学习汉语是非常有益的。

（二）正确认识差异，创新教育理念

中国的教育模式确实存在一些弊端，但是文化并无好坏之分，作为中国文化的传播者，对外汉语教师应该在保留中国教育制度优秀精华的同时，学习西方先进的教育

理念和教学方法，无论是中国传统的课堂，还是与外国人接触最多的对外汉语课堂，教师都应该意识到，学生才是教学活动的主体，只有最大限度地调动学生的积极性，因材施教，才能够使教学活动良性地循环下去。

（三）增强跨文化意识，努力提高自身素质

除了过硬的专业文化知识，对外汉语教师应具备的一条非常重要的素质就是跨文化交际的意识，作为中华文化传播的使者，对外汉语教师应该具备国际化的视野，尽管受中国传统文化的影响，总是有意无意地代入中国传统的教学模式，但我们必须意识到，如果不能具备跨文化的能力，就无法成为一名合格的对外汉语教师。

第四节　中文歌曲在对外汉语教学中的跨文化交际研究

“学习中文歌曲”因具有活泼生动、深入浅出等特点，已成为十分实用的对外汉语教学方法。对外汉语教学是跨文化交际的过程，这一教学方式的运用虽然加大了跨文化交际的难度，但在一定程度上促进了中华文化的传播，提高了留学生学习中文的效率。文化交际能力的培养一直是汉语教学的重难点之一，笔者在结合自身教学实践和专家研究成果的基础上，论述中文歌曲在对外汉语教学中的跨文化交际研究。

一、从教授中文流行歌曲中掌握跨文化知识

中文歌词中某些词汇的内涵，因地域和时代的不同，所代表的含义也不相同。以笔者教授芬兰留学生的实践为例，其在课堂上选择了一首《月亮代表我的心》，这首歌曲旋律悠扬，歌词意义深刻，传唱度高。歌词中的“月亮”自古就象征着爱情、思念。可在芬兰人看来，“月亮”不仅象征爱情，还象征着邪恶，他们会问：“中国人为什么要用表示邪恶的东西表达爱情？”这就要求教师在课前充分了解学生母语国家的文化，向学生交代清楚歌词中体现的目的语国家的文化，防止造成词汇义和内含义的不对应。这首歌曲的教授加深了芬兰留学生对中国人爱情的理解，当笔者给他们讲述“嫦娥奔月”的传说时，他们体会到了中国文化中“月亮”象征的爱情、团圆、思念等意义，恍然大悟说：“怪不得中国有个‘中秋节’呢！原来月亮在中国有这么多美好的含义！”

了解汉语学习者的母语文化，避免所涉及的教学活动与之有冲突，必要情况下要考虑到某些个体的感受。比如有的留学生不喜欢独唱这个活动，在他们的文化意识中，像唱歌这种行为在课堂上不可能单独进行，那么我们就要选择一些折中的方式，既照顾到学习者的母语文化，又兼顾训练和检测歌曲学习情况，教师可以先唱，在歌曲高潮部分再安排其他学生加入一起演唱。

二、选择歌曲时要注意文化禁忌

文化禁忌是指在某个民族或宗教传统文化里禁忌的一些事物、行动或言语。在跨文化交际中注意异文化的禁忌是非常必要的，这关涉到交际能否顺利进行。教学中，汉语教师在选择中文歌曲进行教学时尤其要注意歌词中的词语和所表达的文化现象是否是汉语学习者国家的文化禁忌。

《兰花草》是根据胡适先生早年写的一首诗歌《希望》改编的，悠扬的旋律、朗朗上口的歌词，被广为传唱。当教学对象是来自东南亚，如泰国的学生时，建议选择这支歌，兰花是东南亚的象征，他们对兰花的花语都很熟悉，透过旋律，他们对歌曲要表达的期待、牵挂和追问都有更深的理解，能唤起学习者的积极性。但是面对波兰等国家的学生时，不建议选择此歌，在波兰，兰花是激情之花。

周杰伦是中国流行音乐歌手，他的中国风作品《菊花台》被很多教师选为教学曲目，菊花还是“花中四君子”之一，具有清霜傲雪的品格，在面对同处汉字文化圈的日本留学生时可以选择此歌进行教学，菊花是日本王室的专用花卉，人们对它极为尊重。但是西班牙、意大利和拉丁美洲各国的学生认为菊花是“妖花”，只能用于墓地和灵前，学生不仅无法理解菊花的清霜傲雪，还易产生不必要的误会。

《猪之歌》这首中文歌曲，歌词浅显、旋律简单，特别适合汉语水平为初级的学习者，很多汉语教师还借用此歌给留学生介绍生肖文化。但是面对埃及、伊朗、阿富汗、马来西亚和印度等一些信奉伊斯兰教的国家的教徒，千万不要选择这支歌，因为他们忌食猪肉，不用猪皮、猪鬃做的用具，忌用猪作为装饰图案。要注意到留学生们的宗教信仰，在选择歌曲时尽量避开这一点。

由此可见，一堂课要想成功不仅需要汉语教师有扎实的汉语基本功，而且在跨文化交际的禁忌文化上教师也要特别注意，要适时进行跨文化训练。

三、留学生对歌曲文化内容理解形成刻板印象

一首歌的观念和情感并不能代表所有关于该歌曲所描绘的事物或行为的特征。要防止汉语初级水平的学习者对某一首中文歌曲中所描述的事物产生刻板印象。如歌曲《说唱脸谱》的歌词写到：“蓝脸的窦尔敦盗御马，红脸的关公战长沙，黄脸的典韦，白脸的曹操，黑脸的张飞叫喳喳。”有些学生在对京剧了解不深的情况下误将歌词中所描述的种种概括为京剧，觉得京剧大致就是歌词中描绘的那样，就这样几个人物、几张脸谱，殊不知国粹京剧博大精深，这首歌歌颂的只是京剧的冰山一角。想要真正领会京剧还需要下很多的功夫。

面对这种“以偏概全”的思维形成的刻板印象，教师要提供给汉语学习者足够的资料让他们对歌曲中所描述的内容有全面的了解，还要对歌曲所表达的思想感情和歌曲创作背景介绍到位，最好能够找到同样是描述该事物的中文歌曲，让学生从不同的角度全面地认识到歌曲所涉及的内容。

音乐是语言的表现方式，汉语是一种音乐性极强的语言。中文歌曲经过了几千年的发展，已经构成了一支强大的艺术体系，歌曲中表达的文化深深地吸引着汉语学习者。一堂中文课实际上就是一次跨文化交际的过程，中文歌曲的加入加大了跨文化交际的难度。本节从学习中文歌曲可以更好地掌握跨文化交际知识、选择歌曲注意的文化禁忌、留学生对文化内容理解易形成刻板印象等几个方面入手，论述了中文歌曲在对外汉语教学中的跨文化交际研究。

第五节 中国古代文学在对外汉语中的跨文化教学探讨

中国古代文学承载着丰富的文化内涵，但基于不同文化背景和思维模式，汉语学习者较容易形成跨文化的理解障碍，基于这样的教育现状，教师需应用跨文化意识，优化教学理念和手段，降低汉语知识的理解难度，真正提升跨文化教育的实效性。

随着我国社会的飞速发展和在国际社会中地位的提升，国家形象及文化符号也获得了更多国外友人的关注和喜爱，有很多外国人及华人华侨对于中华汉语也产生了浓厚的学习兴趣。基于这一发展现状，世界各国各地区建立了许多孔子学院，大学或是中小学机构也开设了汉语学习的相关课程，更好地去了解我国的语言及文化，同时也有许多外国人及华侨来到中国学习汉语。为了满足当前教育的需求，我国在高校范围内开设了对外汉语课程，同时国家汉办也在对外输出优秀的汉语教学人才，从而更好地推广中国的语言及文化，更好地满足国内外对于汉语的学习需求。另外，包括世界汉语教学学会等机构在内的组织也成了对外汉语教育的重要推动力量，为世界各地热爱汉语教育的学者们提供了更多的学习平台，贡献了自己的力量。

一、在对外汉语中中国古代文学的教学意义

中国古代文学，从狭义层面可指中国古代古典文学作品；从广义层面而言则包括自先秦至清代末年的中国文学内容，除了狭义层面的内容以外，还包括重大文学运动及事件、不同文体的起源及发展、典型作家研究及作品考据、文学流派及理论等内容。在对外汉语教学课程体系之中，中国古代文学是极为重要的组成部分，是中国语言文学专业的必修课程之一，同时也是留学生汉语言专业的必修课程。中国古代文学的

重要教学地位与其自身的文化底蕴是密不可分的。中国古代文学又可称为中国古典文学，是我国传统文化的重要结晶，通过中国古代文学的熏陶和教育，国内外汉语学习爱好者可以更加直观地感受到中华语言的博大精深，从其优雅韵律、精美构词、遣词造句之中充分了解中国的悠久文化底蕴及民俗特征，对于对外汉语的学习也能起到一定的促进作用，更有利于学习和掌握与文化背景息息相关的汉语言。

在对外汉语教学过程中中国古代文学的教育意义便在于中华文化向域外的传播，这是一个重要的文化输出过程，同时也是树立我国国际形象、扩大文化影响、激发汉语学习者兴趣的机会所在。在中国古代文学的教学过程中，可以基于古代文化类型及其衍生作品进行系统化知识归纳和教学，引导汉语学习爱好者进入一个雅致和古典的汉语言学习氛围，更大程度地发挥中国古代文学的经典魅力，真正激发学生对于古代文学及汉语言学习的兴趣。这首先可以让学生对于我国古代文学有所了解，同时还能了解每一个时代发展阶段涌现的优秀作家及作品，另外还可以对古代文学的文论进行学习，这样不仅能建立感性的文化认识，还能够将其升华至真正深层次的文化内涵之中。

二、在对外汉语中中国古代文学的教学现状问题

（一）对于古代文学教学的重视程度不够

随着社会经济的飞速发展，社会发展过程中的工具性和技术性特征日益突出。针对教育层面而言，由于受到就业导向型教学目标的影响，各类型专业性技能及职业资格考试更加受到关注和重视，而类似于文学教育等偏向于理论研究的专业的受重视程度则相对较低。就对外汉语专业教学而言，关于汉语的基础知识及实际应用等方面的知识教学受重视程度更高，但对古代文学等文化熏陶类课程的重视程度则相对不够。这样的教学现状将直接导致古代文学教学课时的缩减，同时教学内容无法得到相应的拓展和加深，在实际教学过程中只能停留在中国古代文学发展历史的概括之中，对于具体的经典文学作品的鉴赏和分析则较难实现拓展教学。

（二）过于注重语言技能教学

在当前的教学形势之下，我国教育体系在对外汉语教学过程中常容易将其与汉语言专业这两者进行混淆，或将对外汉语专业等同于中文专业，这样的教育理念在某种程度上忽视了学科教学和专业教育的本质区别，因此在对外汉语教学过程中，存在过于注重语言应用技能的掌握及实践训练的问题，忽略了文化输出和熏陶的重要影响作用。这样的混淆实质上来源于对对外汉语教学目标的错误认识，认为对外汉语即汉语言能力的应用教学，忽略了其跨文化教育及文化输出的重要本质。中国古代文学课

程作为对外汉语教学体系中的重要组成部分，因其直接应用性并不高，因此教师在教学过程中对于中国古代文学课程的教学目标及定位还是存在不太明晰的情况，同时学生在学习过程中也容易产生一知半解的情况，较难真正理解和认识中华文化的深厚内涵。

（三）传统的中国古代文学教学模式较为单一

首先在对外汉语教学体系中，中国古代文学课程的教学安排现状并不乐观，教师较难有较大的发挥空间；另外教师在实际教学过程中，依赖于传统的“填鸭式”教学模式，以古代著名作家的经典作品为主，机械化地讲解相应的创作背景、文体风格、篇章主旨及文学艺术特色等知识，力求在有限的课时安排和课堂教学时间内灌输更多的古代文学常识，这一教学模式客观而言有其系统教学的优势，但由于其教学模式的单一和刻板，较难激发学生对于我国传统文化学习的兴趣，忽视了学生在教学过程中主体性和积极性的发挥，同时也不利于学生在文化素养、审美鉴赏及人格素质等方面的提升。传统的中国古代文学教学模式较难发挥文化的长期熏陶和潜在影响的真正作用，不利于跨文化教育的长效开展。

三、中国古代文学在对外汉语中的跨文化教学

（一）重视古代文学的教学，引导学生感受中国古代文学的含蓄感

为了更好地实现古代文学的教学目的，需要从教育理念上加强重视，建立有效的教学模式。中国古代文学基本上可分为诗词曲赋这四个类别，按照我国文学史的发展历程又可以分为先秦文学、秦汉文学、三国两晋南北朝文学、隋唐五代文学、宋金元文学、明代文学以及清代文学等。古代文学最为典型的特征当属其含蓄感。一方面这来源于汉语言自身的意义和简约特性，另一方面则来源于我国传统文化中的含蓄表达习惯。这对于国内外不熟悉中国文化的学习者来说，极容易产生跨文化理解方面的不适感。为了更好地实现中国古代文学的教学目标，教师首先需要尊重拥有不同文化背景的学生在跨文化学习过程中产生的心理变化，在这一个重要的心理转换阶段应给予学生充分的鼓励，在学习异域文化过程中产生的文化理解障碍是极为正常的，需引导学生在积极的心理指导下进行古代文学的学习。

（二）由语言技能转至文化内涵熏陶，引导学生了解中国古代文学中的民族精神

中国古代文学是中国传统文化和中华民族价值观念的集中体现，具有极其显著的民族文化烙印，对于处于不同生长环境和文化背景之下的汉语学习者来说，在不同环境下容易造成跨文化理解困难，很有可能形成一定的误解，这对于学生更好地掌握汉

语言知识是极为不利的。中国古代文化倡导乐于奉献、隐忍坚持、忠君爱国、追求理想等崇高的情怀，如中国古代神话大多弘扬了具备某种特殊力量，同时愿意牺牲自我的全身心奉献的英雄主义精神，如盘古开天辟地，骨血化为山川河流，但不同文化背景的学生则较难理解这样的民族精神。再如屈原忠君报国的伟大精神，勾践卧薪尝胆的不懈坚持，外语学习者较难理解为何君王已厌弃自己，但依然要选择以身殉国。

（三）应用多样化的教学手段，引导学生感受古代文学的内在魅力

在上文提到，我国古代文学具备极强的含蓄感和意象美。因此汉语学习者往往容易对此产生心理疑惑，较难将抽象意象与内在情感相结合，教师在教学过程中需要针对这一现象优化教学方法，提升跨文化教学的实效性。

在对外汉语教学过程中，中国古代文学的跨文化教学须真正以学生为主体，以汉语学习者实际的认知水平和汉语能力为基础，选择难度和广度较为适宜的古代文学教材，如可以选择与学习者的母语文化相联系的教学内容，应用图像、视频等多元化元素丰富教学效果，有效地帮助学生消除母语文化的负迁移影响，加深对于中国古代文化、传统文化及现代文化的认同感。

第六节　跨文化交际视角下的对外汉语视听说教学模式研究

汉语教学过程是一种中国文化的传播过程，因此对外汉语也要注重对留学生文化交际方面的教学，以提高留学生的汉语表达能力以及沟通能力。

随着中国经济文化的发展，来华学习汉语的留学生众多，他们来自不同的国家，有着不同的生活背景、不同的文化背景、不同的认知，对同一事物有着不同的理解方式，因此，对留学生来说，摆在他们面前的不仅仅是汉语知识的学习，还有不同的文化背景所带来的交际障碍，这种交际障碍存在于留学生自身与中国人打交道过程中的方方面面，往往会造成尴尬的局面，从而影响留学生们对中国文化的认知。因此，对外汉语教师的教学任务不仅仅包括汉语基础知识的教学，还有中外文化对比教学，这就要求教师在对外汉语教学中要有计划、有针对性地进行文化教学，将汉语知识教学与文化教学进行恰当结合。

曾经有留学生问过笔者：“老师，为什么中国人吃饭以后，常常说‘我来’‘我来’，他们是在吵架吗？”通过学生的这个问题，笔者意识到了留学生们对中国文化是非常重视的，他们善于留意身边的人和事，如果身边的人和事与他自身的文化认知产生冲突时，他们就会将自己置身在一个尴尬的环境中。这个问题就涉及中国目前较

大范围内存在的请客文化，中国人的请客文化不同于西方国家的“AA 制”，中国人习惯通过请客来表达出彼此的深厚感情，并进一步加深感情，这是一种礼貌的表现，而被请客的人也往往会懂得礼尚往来。在把请客文化讲解给学生之后，学生就明白了“我来”“我来”的意义，这就使学生在以后与中国人吃饭的时候能够入乡随俗，理解这种请客文化，这是一种礼貌与习惯，不是吵架。

对外汉语视听说课对对外汉语教师的教学能力有很高的要求，尤其是在强调跨文化交际的背景下。视听说课不同于综合课，相较于综合课，视听说课更强调对学生综合能力的培养，并不只局限于对汉语基础知识的教学，这种综合能力包括语言运用能力、语言表达能力、跨文化交际能力等。因此，对外汉语视听说课程要求对外汉语教师在课程教学中要学会根据学生特点构建教学模式、选用教学方法，从而营造课堂教学气氛，提高课堂教学效果。笔者在视听说课的教学过程中，非常注重对留学生文化能力以及交际能力的培养，总结出了一些比较行之有效的教学方式，希望为对外汉语教师提供一点儿启发与帮助。

一、注重情境教学与文化教学的结合

情境教学是在视听说课堂上比较常用的教学方法，根据课文的重难点、教学对象的性格特点等为学生设置相关的情境，帮助学生在灵活、生动的课堂环境中较快地输入与输出汉语知识。笔者在进行情境教学时，发现留学生在表达时常常忽略掉课文中的中国文化知识部分，只吸收基本的汉语基础知识，笔者认为这种学习方式对于学生更好地适应中国生活、顺利进行文化交际是一种较大的阻碍，因此，笔者在视听说课堂教学中，更加注重将情境教学与文化教学相结合，使留学生在听中学会表达，在表达中了解中国文化，起到连接纽带的作用。

二、注重视听说有效结合，将汉语基础知识与文化知识巧妙融合

视听说课是对教师教学水平要求较高的一门课程，对外汉语教师在课堂教学过程中很容易将此课程定位为听力课，忽视了视、说，这就偏离了视听说课程的教学目的和教学要求，因此，将视听说有效结合起来，将基础汉语知识与文化知识结合起来，提高留学生对视听说课程的兴趣，就显得尤为重要。

教师在课前的备课活动中，应选择适当的文本，教师所选择的文本内容要与中国文化密切相关，让学生在文本的学习过程中就能深刻体会到中国文化的内涵，这样教师就能结合文本内容把中国文化传授给留学生，使其对中国文化有更透彻的认知。

三、多媒体的运用与文化的传播

多媒体已经广泛应用到汉语教学中，尤其是针对初级留学生，多媒体的适当运用能够将知识和文化更直观地展现在学生们的眼前，使汉语的输入更加深刻，记忆时段更长久。教师在对多媒体课件进行设计时，不要过度地追求复杂效果，要简单、明确、重点突出。多媒体的运用在传播中国文化的过程中有着举足轻重的作用。比如，在对学生进行颜色教学时，笔者会通过多媒体将“中国红”文化展现给学生，比如，红色的鞭炮、红色的窗花、红色的中国结、红色的剪纸、红色的对联、红色喜庆的衣服、婚礼时的红包、房间的红色装饰等，通过多媒体更加直观地呈现在学生们的眼前，学生们能够将红色快速输入自己的头脑中，进而就会思考红色对于中国人的意义，引起学生们的进一步思考，然后请学生们谈一谈在他们眼中红色的象征意义是什么，教师再将“中国红”的文化意义传授给学生们，最后，请同学们说一说自己国家的颜色喜好，以及颜色的内涵。

跨文化交际已经是对外汉语教学中最重要的教学目标之一，在跨文化交际的视角下，教师要善于将汉语知识与中国文化结合起来，不要偏离汉语教学的目标，而教学目标的完成与否与教学方法又有着密切的关联，因此，对外汉语教师在视听说课堂上要做到将多种教学模式相结合，这样才能达到最好的课堂教学效果。

第七节　从跨文化视角分析对外汉语教学的性质及实践机制

对外汉语教学是汉语作为第二语言的教学，其重要特点之一就是与文化因素紧密结合。对外汉语教学的目的不仅是使学生掌握汉语言，更要使其了解博大精深的中华文化，从而提高理解和运用能力，并进一步培养跨文化交际能力。对外汉语教学中语言教学和文化教学是相互渗透、密不可分的。

随着全球化的深入，国际社会之间经济文化的合作交流日益密切，我国综合国力和国际地位的不断提高使得学习汉语成为一种热潮。语言与文化是密不可分的，文化的传播与弘扬要依靠语言这一载体进行，同时，语言作为一种交际工具，其形成与发展、理解与运用都深受文化的影响，并承载着社会文化、价值观念、风俗习惯以及宗教信仰等体现民族特色的文化意识。语言和文化的关系决定了对外汉语教学的特殊性质，在明确学科性质的基础上进一步探讨对外汉语教学的实现机制，使得对外汉语教学更加科学有效是十分必要的。

一、跨文化视角下的对外汉语教学的性质

（一）从语言教学和文化教学的关系看学科性质

对外汉语教育学是语言教育学科，文化教学是语言教学的补充。基于这一学科性质，跨文化背景下的对外汉语教学要注意体现中国特色文化，并尝试与学习者的母语文化相结合。对外汉语教学中汉语言是教学主题，在教学过程中不仅要向学生讲解语音、词汇、语法等语言知识和实用的日常用语，提高学生的语言技能水平，也要重视中国文化在对外汉语教学中的体现，满足学生了解中国特色文化的需求。

（二）跨文化视角下的对外汉语教学

跨文化交际学是在文化与语言多元化发展的环境下对人际交往以及社会行为进行综合性研究的学科，跨文化交际学理论在对外汉语教学中的应用拓展了对外汉语教学的发展空间，为对外汉语教学提供了新的思路和方法，推动对外汉语教学事业迈上新的台阶。对外汉语吸收跨文化交际学理论中适用于自身的部分，例如，对比分析学习者的母语和汉语的差异，处理文化冲突，提高对外汉语的教学水平与教学质量。

二、跨文化视角下对外汉语教学的实践机制

（一）践行教学原则

跨文化视角下的对外汉语教学工作要遵循“培养语言能力，传播中国特色文化，尊重不同文化特色”的教学原则。教师应根据学生的汉语水平，制定合理的教学规划，根据学生实际水平和需要开展教学，重要的是在传授语言知识的基础上逐步提高学生的语言能力与运用水平。传播中国特色文化是指在培养学生语言能力、提高学生语言水平的同时，注重中国特色文化在汉语教学中的体现，满足学生对了解中国特色文化的需求，使得文化教学成为语言教学的有力支撑和必要补充。对外汉语教学要遵循文化教学为语言教学服务的原则，培养学生的语言运用能力和跨文化交际能力。

（二）完善教学内容

对外汉语教学的内容体现着教学水平并影响着教学效果。从对外汉语教学内容的选择来说，课堂教学要让学生学习生动的、常用的、鲜活的语言，避免枯燥的课文诵读和语法讲解。从对外汉语教学内容的层次来说，基础阶段是丰富学生的语言知识，中级阶段是有效提高学生的语言水平，高级阶段则是使学生树立正确的思想观念与价值观念，体现我国文化历史、当代国情等。

（三）丰富教学措施

首先，汉语教学可以采用体验教学的方法，例如，教师在课堂上带领学生写毛笔字、学习剪纸、编织中国结、给京剧脸谱上色等，学生在体验与认知的过程中，加深对汉语语言和中华文化的理解。其次，汉语教学也可以通过对话教学的方式，使得师生在课堂对话过程中实现信息的交流和情感的交融，学习者可以在轻松开放的学习环境中学习知识，探索适合于自身的学习方式，教师则可以在对话过程中了解学习者的进度、感兴趣的话题以及偏误或疑虑。最后，汉语教学可以通过对比教学的方式，在对不同语言和文化进行比较的过程中，发现不同语言、不同文化之间的差异，针对差异现象给学生抛出话题、举例讲解。

对外汉语教学规模的扩大、水平的提高是我国综合国力与国际影响力不断增强的体现，提高对外汉语教学的教学水平、探讨更加科学有效的教学方法对于提高汉语的影响力、传播中国特色文化、实现不同文化间的交流与发展具有重要意义。我们应加大对对外汉语教学的研究力度，结合新形势、新问题提出新思考、新措施，逐步提高我国对外汉语教学水平，推进社会主义文化事业的繁荣。

第八节　对外汉语教学中文化定式及跨文化交际障碍的应对策略

对外汉语教学的主要目标是培养外国学生的跨文化交际能力，培养跨文化交际能力的关键是帮助学生增强跨文化意识，而从根本上说，增强跨文化意识和提升跨文化交际能力的阻力来自文化定式和“三大敌人”的严重心理干扰。在对外汉语教学过程中，由文化差异所造成的误解与冲突不可避免，妥善处理跨文化交际障碍一般应遵守加深理解、互相尊重、求同存异的原则。

自 20 世纪 50 年代，我国招收外国留学生至今，来华留学人员均为具有大学本科以上文化学历的成年人，他们的思维能力和通过母语掌握的文化知识都达到了成熟水平。他们当然明白，不同国家的人不仅语言不同，而且由于语言是文化的重要载体，文化方面的种种差别必定会在语言学习及跨文化交际过程中反映出来。因此，在到中国之前，大多数外国学生已经对于文化差异及文化冲突有了一定的心理准备。

但是，对外汉语的教学实践证明，这种心理准备往往不够充分，或者说远未达到能够克服跨文化交际障碍的要求。其根本原因在于，文化是通过符号被人们习得和传授的知识。群体概念是先于文化产生的，根据很多学者的观点，民族、种族、地域、职业、性别、政治、社团、世代乃至具体的社会活动或社会形态都是其共享的基础。

一个群体一旦形成，与之匹配的文化也相伴而生。世界各民族的文化形态丰富多彩，任何文化都表现为一种独具特色的象征符号系统，某一个特定文化群体中的成员都具有一种整体式的文化取向，这种文化取向通称为文化定式。

第二语言教学的主要目标是培养学生的跨文化交际能力，对外汉语教学亦然。由于文化定式的潜在影响，外国学生在学习和使用汉语时，也必然会遇到因文化差异而引发的各种冲突，从而使跨文化交际的质量和效果大打折扣。如何帮助他们提升跨文化交际能力，成功跨越交际障碍，是对外汉语教师必须关注的课题。

一、对外汉语教学中的文化定式

在对外汉语文化因素教学中，不但要进行知识文化（在跨文化交际中，对某一字词句章的理解和使用不产生直接影响的文化背景知识）教学，还要格外关注交际文化（隐含在语言系统中反映一个民族的价值观念、社会习俗、心理状态、思维方式等与语言理论及应用关系密切的一类特殊的文化因素）教学，后者与不同民族或种族的文化定式密切相关。

认知语言学家和社会语言学家常常把文化概括为“符号和意义的模式系统”。如果说交际是文化的编码、解码过程，那么语言就是编码、解码的工具，也是它的传承和储存系统。这就意味着，交际行为的解释活动或译码活动是由文化的特定规则或规范所制约的，也就是说，只有在双方共享一套文化取向、价值观念、社会规范时，交际才能得以有效进行。

为了淡化教学双方文化定式的负面影响，教师在对外汉语文化教学中应在以下两个方面有所侧重：

（一）在教学中以中国主流文化为主

以中国为代表的东方文化和以欧美为代表的西方文化相比，中国文化属于强环境文化，具有群体主义取向，而欧美文化属于弱环境文化，具有个人主义取向。中国社会崇尚群体观念，提倡凡事以家庭、社会和国家利益为重，个人利益在必要时可以忽略、可以牺牲。喻国明等学者的全国性调查显示，有 61.3% 的被访者表示，“我们对集体荣誉看得很重”。

比如，笔者有一位女同事，在给一个俄罗斯短期班上课时，患了重感冒，一边打点滴，一边坚持教学，最后晕倒在课堂上。相信很多中国教师都有类似的经历，因为在中国人看来，这是值得敬佩的行为。而几个俄罗斯学生私下里却向笔者表示了对此类现象的异议。他们认为，这是不人道的，也是不负责任的行为，会把感冒传染给别人，还怀疑那位教师是否过于重视讲课费。后来，经过笔者一再解释，这几个学生才表示了一定程度的理解。

中华文化历史源远流长、博大精深。在教学中，一方面，我们要向学生展示中国人认同度高的、催人向上的交际习俗和文化，即主流文化；另一方面，我们也要对留学生国家的主流文化有所了解，这样才能在跨文化交际过程中把因文化定式而导致的交际障碍的潜在风险降到最低。

教学过程中，还要实事求是、客观陈述，避免空洞的说教，对我们的历史文明和文化成就不要过度自褒，以免引起学生的反感。

（二）适度“未入乡，先随俗”

文化定式中的社会环境和角色关系对跨文化交际有着特殊的意义。社会语言学家把形形色色的人际关系概括为两类：“权势”关系和“一致性”关系。“权势”通常指上下尊卑关系，也可能以年龄长幼、职业差别等情况确定；“一致性”则指人与人之间平等的关系。相对而言，东方文化似乎更青睐于“权势”关系，西方文化则偏爱“一致性”关系。

师生之间的交往可以用来检验一个社会群体对待交际的正式程度。在对外汉语教学中，教师和学生之间的关系是一种典型的角色关系，这种角色关系的正式与否在跨文化交际中是一个重要因素。中国有一句俗语，“一日为师，终身为父”。日、韩学生对师生关系的认知与中国人十分接近，而来自欧美国家的学生却比较随便、坦率、不拘泥于形式。中国文化和西方文化在角色关系方面差异如此之大，交际时产生文化碰撞是很自然的。

作为一名对外汉语教师，笔者常常有与各国学生们聚餐的经历。在中国师生之间，在外面吃饭时，如果学生少的话，常常由年龄长、收入高的一方，也就是老师来付钱；如果是学生的班级活动，餐费会由学生们均摊，无须老师们付账，这似乎是不成文的规定。此类经验往往不适用于和外国学生的聚餐。除非事先已讲明由某人请客，否则学生和教师应该各付各的钱。中国教师争抢着去付款，或是无动于衷地看着学生掏腰包，都会让学生们不知所措。在这种时候，虽然“AA 制”是一种国际惯例，中国教师仍然会感到情感上的隔阂，这是两种文化的行为规范不同导致的。尽管不习惯，我们尽可能随他们的“俗”，也许更有利于增进师生之间的感情，使跨文化交际顺利进行。

对外汉语教师适度地“未入乡，先随俗”，虽然看似放低了自己的身段，但实际上会让外国学生感受到教师的真诚和宽容。这种良好的氛围会延伸到课堂，有利于化解在文化教学中因文化定式而产生的误解和冲突。由此可见，只有当交际双方对同一符号的解释完全一致时，或者在很大程度上接近时，交际才有可能顺利进行。

二、对外汉语教学中的跨文化交际障碍

如果说文化定式是导致跨文化交际障碍的一种潜在危险，那么文化“冰山”的碰

撞就是一种显性摩擦了。

（一）危害巨大的文化冰山

对外汉语教学的对象来自不同的国家和地区，加之文化包罗万象，文化定式的内容也烦琐复杂。如果把不同国家语言文字、生活方式、行为举止和交际方式的差异看作露出海面的冰山一角，那么交际规则、思维方式、价值观念及社会规范等方面的差异则是隐藏在水面之下的巨大冰山。对交流双方而言，大部分的文化定式的区别不像人们的衣着发型、言谈举止那样一目了然，它们很微妙，不仅同属一个文化群体的人习焉不察，就是来自不同文化群体的人也不易察觉，但其在跨文化交际中却有着巨大的影响。

我们在教学中发现，刚到中国的外国学生一般存在着认识上的误区。他们认为，中国人也和自己一样观察世界。一旦在交流中发现对方在信仰、价值观、社会规范或行为准则方面与自己的预期相差很远，或是与自己完全不同，便常常觉得困惑、反感、失望，甚至加以反对，以致跨文化交际难以顺利进行。

笔者曾无意间听到两个日本留学生评论一位年轻的女教师的衣着，认为她很少洗澡，不愿意换衣服，是个不修边幅的人，肯定讲课也不认真，以后尽量不要上她的课，等等。那位教师其实是位相当优秀的青年教师，为什么学生会对她有这样的看法呢？经过侧面了解，原来那位教师多件衣服的面料、颜色都很相近，并且款式比较休闲，所以，给学生造成了误解。深究起来，产生这种错误解读的根本原因远非穿衣戴帽那么简单。

虽然同处东亚文化圈，日本却有着很多与中国迥然不同的思维方式和社会规范。日本学生无法理解中国老师为什么上课时穿得那么随便，因为日本的老师一般都会穿得比较正式。他们不明白，为什么很多女教师素面朝天地来上课。在日本人的观念中，职业妇女化妆既是对别人的尊重，也是一种职业精神的体现。他们也不习惯中国的大学里有那么多青年女教师，因为在日本，想在大学执教，首先必须具备博士学位，其次，还要通过文部科学省的教员认证，另外，还应在教学和科研上都具备相当的经验、能力和成绩，这些一一做到实属不易。

外国学生在与中国人的交往中，可能随时随地都会碰到这样的文化“冰山”。更为严重者，还会与号称跨文化意识中的“三大敌人”不期而遇。

（二）贻害无穷的“三大敌人”

“三大敌人”是指文化优越感（或称文化中心论）、文化模式化（又称文化定型论）和文化偏见，三者往往相伴而生。

世界各民族的文化观念千差万别，每个人从出生那一刻起，就开始了对本民族文化的习得，从而形成一种民族文化中心主义。在外国留学生中不乏受文化优越感毒害的人，他们有意无意地把母语文化的风俗习惯、价值观念、社会规范等作为唯一的标准，评判其他国家或民族的行为，认为自己赞赏的东西别人也应该欣赏，自己厌恶的东西别人也应该不喜欢，如果别人不能感同身受，他们会主观地认定目的语国家的文化有缺陷，甚或认为其比母语文化低劣。

追根溯源，文化优越感是滋生文化模式化和文化偏见的温床。受文化优越感的影响，人们习惯于将固有的条条框框硬套在其他文化上，这种典型的文化模式化的做法常常会忽视某个文化群体中个体成员的差别，在认知上形成思维定式，夸大或者歪曲对某一文化群体的印象。在这些固定的信条中，有些是错误的，会直接影响跨文化交际，造成交际失误。比如，法国人浪漫多情，英国人绅士保守，德国人循规蹈矩，犹太人精于算计等，就是一种世界流行的文化定型论，而忽视了这些国家人与人的个体区别。

如果文化模式化发展到一定程度，必然会演变成文化偏见。文化偏见论者往往会透过偏颇的、歧视的有色眼镜看待其他文化，专门喜欢收集可以证实自己偏见的“证据”，但却对与自己看法相悖的事件置若罔闻。这种偏见并非针对某个具体成员，而是强加于某一文化群体的整体之上。

笔者曾教过一位年轻的英国学生，该学生汉语水平比较高，取得了旧版 HSK（汉语水平考试）七级证书。他问过好几位中国教师同样的问题，中国人为什么“七点开会八点到，九点开始作报告”？每当看到或听到中国人迟到的事情，马上就会说，“中国人嘛！”其实，这位学生周围的中国教师和朋友们大多数都相当守时。尽管跟他同班的哈萨克斯坦学生、韩国学生和日本学生也时常迟到，他却视而不见，避而不谈。

对外汉语教师和外国留学生们每天不仅是与自身所学外语国家的人进行交际，而且要和异于母语文化的多种文化的人打交道，发生跨文化交际障碍在所难免。作为对外汉语教学工作者，充分了解外国学生的母语文化与目的语文化的差异，帮助外国学生排除母语文化的干扰，增强他们的跨文化交际意识，提高他们的跨文化交际能力，对于取得良好的教学效果是十分重要的。

三、跨文化交际障碍的应对策略

在进行对外汉语教学时，文化定式和“三大敌人”都是导致跨文化交际障碍的深层原因。

任何文化都是一种历史形成的客观事实，都有其存在的合理性，不同文化之间有差异，却绝无好坏高低之分。人们都有权决定自己的生活模式，选择自己的文化价值体系，保持自己的文化特色，同时，也无权轻视甚或企图改变另一个国家或民族的认知模式，令其接受自己的文化观。

在教学中，克服跨文化交际障碍一般可采取以下三种对策：

（一）丰富本国与外国文化知识，增加了解

跨文化交际的双方文化共享性较差，是跨文化交际的一个显著特点。教学实践证明，教师与外国学生在文化上所具有的兼容性越强，进行有效交际的范围就越广；当双方的文化观强烈地互相排斥时，冲突程度越高，交流破裂的可能性就越大。在教学中要做到知己知彼，这是对外汉语教师必备的素质，但仅仅了解彼此文化的异同是远远不够的，还要对引起冲突的因素有充分的认识。我们应具备敏锐预知跨文化交际障碍点的能力，在外国学生文化曲解发生前，预先通过提供丰富翔实的背景知识、通俗易懂地解说文化内涵等手段进行解释性教学，以减少他们对所得信息的误解，避免无谓的价值冲突，实现有效的跨文化交际。在障碍发生后，如果教师拥有足够的文化知识，特别是较强的跨文化意识，善于发现矛盾和问题，并能对其进行理性的分析和科学的判断，也可以有效排除“三大敌人”的干扰，得体地解决问题。

（二）师生之间建立信任包容机制，互相尊重

中国教师和外国学生对待文化差异的正确态度理应是彼此包容、友好共存。交流双方应尊重对方的文化观，摈弃盲目的优越感。理想的跨文化交际方式为平等对话型，自我中心型或控制对方型都会引起学生的反感。对于中国教师来说，坚持自己的价值标准固然重要，但尊重对方的价值标准更容易得到外国学生的信任，信任程度对交流有着极其复杂深远的影响。虽然我们无权要求外国学生向自己的文化体系靠拢，更不能强求他们按自己的价值标准办事，但是却有可能在师生相互尊重、相互信任的良好氛围中，促使学生在不知不觉中适应中国人的思维方式并逐渐向其靠拢。当然，进行跨文化交际不是为了彻底改变对方，以使其与汉语文化群体的文化观念保持一致，而是要在交际过程中进行相互调整，降低发生障碍的可能性。

（三）重视文化的多元性和差异性，求同存异

一方面，对外汉语教师必须心胸豁达，很多细枝末节的问题没有必要搞清谁对谁错，只是不同的文化有不同的看法。由于历史文化、社会体制等各方面的原因，国家与国家之间、民族与民族之间必然存在许多文化差异。在教学中应努力培养健康的、多元化的文化观，客观分析文化的共性和差异，打破思维定式，既不全盘接受，也不一概否定，引导学生对目的语文化持正确的态度，消除传统的偏见。对于两个国家或民族间难以弥合的价值观念上的鸿沟，姑且留待历史的实践去检验。另一方面，我们还要善于在有争议的问题上找到共同点。尽管世界各国文化千差万别，但仍然存在着许多共同点：从大处着眼，热爱和平、主张平等、向往自由等；从小处着眼，热爱家庭、渴望爱情、珍惜生命等。正是这些共同之处为我们与外国学生的跨文化交际提供了一

个沟通的平台，以减少或消除跨文化交际障碍。

在对外汉语教学实践中，师生作为跨文化交际的双方，具有各自的文化背景。需要明确的是，不同民族的文化，不但各具特色，而且并无优劣之分。我们应该清醒地认识到，世界各国之间的文化差别堪称巨大。一个人从呱呱坠地那天起，便会在潜移默化中形成以自己的文化标准去衡量一切的思维定式，面对异文化时，常具有一种本民族文化中心主义。假如双方缺乏跨文化知识和跨文化意识，文化定式便会在认知过程中发挥一定作用，促使人们以本民族文化的思维方式、交际规则、价值观念为标准去衡量和评判彼此的行为。尽管这种心理往往是无意识的，却会使交际双方遭遇文化“冰山”，阻碍跨文化交际的顺利进行。

对外汉语教学的主要目标是培养外国学生的跨文化交际能力，培养跨文化交际能力的关键是帮助学生增强跨文化意识，而从根本上说，获取跨文化意识和提升跨文化交际能力的阻力来自“三大敌人”的严重心理干扰。在教学过程中，出现跨文化交际障碍，甚或文化冲突是不可避免的。为了保证教学的顺利进行，不但要深刻认识本国文化，还要尽量了解他国或他民族的文化，这是对教师和学生的共同要求。在处理教学中出现的跨文化交际的矛盾和冲突时，教师采取躲闪、避让甚至屈从的态度都是不可取的。当然，强求对方接受自己的文化也是不可取的。如何解决跨文化交际障碍问题，帮助学生有效地提高跨文化交际能力，过去、现在或者将来都是摆在对外汉语教学工作者面前的一个严肃的课题。

第九节　跨文化传播视角下对外汉语教材的演变与发展

随着中国的综合国力和国际竞争力不断增强，对外汉语教学的重要性日益凸显，汉语教材作为汉语国际传播的重要媒介，受到了越来越多的重视。本节重点总结分析了近年来对外汉语教材的演变，探讨了对外汉语教材在跨文化传播视角下进一步改进提高的方法和途径。

中国的和平崛起、世界文化的多元融合，促使汉语受到越来越多国家的重视。目前，在全球各地学习汉语的外国学生人数已经超过 5000 万。从区域分布看，中国在 105 个国家和地区建立了 358 所孔子学院和 500 所中小学孔子课堂，由以前的少数国家扩大到大多数国家和地区。从人群分布看，已由在校的大、中、小学生扩大到政府官员、商人甚至家庭主妇等各类人群。这股持续升温的汉语热潮促使对外汉语教材编写进行深刻的变革。面向不同国别和地区，适应不同人群的学习需求，编写多样化的教材，已成为当务之急，多样化也是近几年对外汉语教材的一个突出特点。对外汉语教育是语言和文化的双重传播，本质上是跨文化传播的基础性的部分，它在一定程度上决定着中华文化面向世界的传播范围和传播效果。因此，本节拟从跨文化传播的角度，对近年来我国对外汉语教材的特征和未来走向进行梳理。

一、对外汉语教材的三大变化

文化多元、人数众多的汉语学习者，促使对外汉语教材发生了以下三个明显的变化：

（一）对外汉语教材种类增多，呈现多元化特色

近几年出版的对外汉语教材不仅数量庞大，而且种类繁多，针对不同背景、不同年龄段的学习者编写出版了内容颇具个性的教材。告别了以前的千篇一律，对外汉语教材的这一多元化特征给学习者提供了更多的选择。一方面，因地制宜，针对不同母语背景编写汉语教材，如为阿拉伯语国家编写的《汉语 100》、为韩国编写的《对韩口语教程》、为日本编写的《日本人学汉语》、为泰国编写的《泰国人学汉语》等。这些教材都充分考虑了不同母语学习者的文化习俗和语言习惯，找到不同母语的对接点，让不同国家和地区的学习者更快、更好地掌握汉语的特点。另一方面，因人施教，即针对成人、大学生、中小学生甚至幼儿园等不同年龄段的学生编写不同的教材，如《幼儿汉语》就是针对海外 4~6 岁学前班、幼儿园的儿童编写的一套幼儿汉语教材，不仅内容生动易懂，而且版面设计活泼，适合幼儿的认知和接受水平。另外，还因需而设，即根据海内外汉语学习者的不同需要，出版了诸如《旅游汉语》《商务汉语》《法律汉语》《医学汉语》等实用性强的教材。

（二）教材编写理念吸收了最新的教学理论研究成果

近年来，对外汉语教材明显增强了理论指导性，以现代教学理论做引领，编写的教材更具科学性。例如，第二语言习得理论中关于学习动机、学习策略等的研究成果开始融入教材的设计，《晓康歌谣学汉语》就将拼音、笔画、汉字和相关文化内容用歌谣的形式进行编排，优美快乐的旋律、琅琅上口的歌词，激发了学生学习汉语和中国文化的兴趣；任务型语言教学理论也在不少对外汉语教材中体现，《体验汉语写作教程》就是一部以实用的书面表达任务为主线的对外汉语写作教材，编排设计强调交际、互动，突出体现了任务教学法“用语言做事”的教学思路。

（三）教材载体形式从纸质向立体化、配套教材发展

加拿大著名传播学家马歇尔·麦克卢汉（Marshall Mcluhan）在 1964 年提出了“媒介即信息”的看法，认为传播媒介影响着受众的理解与思考习惯，强调视觉的印刷媒介影响了受众的思考。现代媒介的迅猛发展给文化传播提供了更多的载体，集纸媒、视频、音频等多种媒介优势于一身的立体化教材应时而生，这使以前单纯依赖纸媒传

播的对外汉语教学模式大为改观。近年来出版的一批"视听说"教材就以其内容直观、情节生动、语言自然等为学习者提供了多角度、立体化的学习模式。如《家有儿女》《看电影学汉语》系列教材，就把电影、电视剧的片段改编加入教材，其中包含播映时间较近、社会影响较大的家庭伦理片、文艺片、功夫片等，学生通过学习，可以了解当代中国社会生活的方方面面。这些教材的载体除了纸质印刷品以外，还配以DVD辅助教学与自学，通过视、听、说等多种感官通道输入，更便于学生们理解和接受。与此同时，我国出版业也适应市场和教学需求，有意识地出版不同载体的教材，包括纸质教材和数字化教材、授课型教材和辅助型教材等，如北京语言大学出版社出版的《中国文化百题》《中国的世界遗产》等。如今，北京语言大学出版社已经逐步将纸质教材、音像电子产品和网络教材出版同步进行，即在推出传统纸质教材的同时，立体化开发各类配套电子音像产品、网络出版物和配套的辅助教学资源。

二、对外汉语教材的发展

对外汉语教学是一种国际传播活动，因此对外汉语教材应更多地吸收传播学的理念，针对来自世界各国的传播对象，提升传播效果。

美国政治学家、传播学的奠基人之一 H. 拉斯韦尔在 1948 年发表的《传播在社会中的结构与功能》一文中，最早以建立模式的方法对人类社会的传播活动进行了分析，拉斯维尔认为：传播的过程遵循了 5W 模式："谁、说什么、通过什么渠道、对谁说的、产生了什么效果。"拉斯维尔的模式典型体现了传播的 5 个对应要素，即传播者、传播内容、传播媒介、受众和传播效果。根据拉斯韦尔的这一分类，在对外汉语教材的构成要素中，传播者即教材编写者，传播内容即教材内容，传播媒介即教材的载体，包括纸媒、网络、数字娱乐平台等，受众即教材的学习者，传播效果即学习者在使用教材后对所传播内容的选择、理解和记忆的效果。

（一）传播内容和语言要适合受众

1. 教材内容要适合学习者心理

受众是传播的对象，对外汉语教学的受众既包括来华留学的学习者，也包括在海外进行汉语学习的学习者，他们是语言文化信息与资源的接收者。国家汉办主任许琳提出，新时期汉语国际推广的主要任务是编写一批"贴近外国人的思维、贴近外国人的生活、贴近外国人的习惯的教材"。要做到这三个贴近，首先应该顺应受众群体需求的多样化和差异化特征。随着对外汉语教学日趋社会化与常态化，受众也趋向多元，其中既包括把汉语作为谋求职业、提高自己就业竞争力的工具型学习者，也包括对中国文化感兴趣而将学习汉语作为满足个人兴趣爱好的融合型学习者。因此，在编写教材之前，应该对受众个人的基本情况、学习动机等各方面进行全方位的调查和研究，以使教材编写具有更强的针对性，为不同需求的汉语学习者量身定做。其次，对外汉语教材应该充分考虑不同国家地区受众的心理，寻找不同文化之间的相似性。从受众的心理角度来说，不同文化的接受者存在着一种共性心理倾向，在接触外界信息时，他们往往更倾向于接受那些反映共同爱好、共同情感、共同观念和要求的信息，对差异化过大的信息则会产生抵触情绪。因此，教材内容应尽量寻求那些无差别的价值观念，比如人类最基本的道德判断，人们对公平、正义、忠诚的追求；反映人类社会的普遍情感，比如强调家庭，强调爱，讲求信任、承诺、诚实、良善；关注人类的前途和命运，比如环境保护、科技发展等。当然，语言是文化的载体，我们强调教材的普世性，并不是要忽视教材对中国文化和社会的传播功能，外国汉语学习者在学习汉语的过程中，无论他们对中国文化是否感兴趣，都会接触、了解中国文化。让外国人全面了解当代的、真实的中国社会也是我们教材编写者义不容辞的责任。

2. 教材语言应易于被学习者接受

为了使传播内容尽可能地为受众所接受和认同，就要尽可能地采用人们容易理解的书写方式或表达方式，这就是“易读性测量”原则。在国外，“易读性测量”已经被应用到教科书评估、大众传播分析等领域。计算机检索统计软件技术为易读性测量提供了科学便利的手段，我们在进行对外汉语教材编写时可以借用。这样，在教材语料库的选择、语言的定量分析、难度测定与控制方面就会达到规范化与科学化，那些费解的、缺乏人情味的句子将在教材中被舍弃。此外，还应该全方位考虑多媒介传播时代传播内容的格式、颜色、背景，这样才能使传播内容更易于被外国学生接受、理解和记忆，从而取得更好的传播效果。

3. 提倡中外合作的教材编写方式

国内一些对外汉语教师由于国外教学经验不足，不了解海外汉语学习者的实际情况，仅以编写者的理念和方式编写教材，因此所编写的一些教材针对性不强，不能贴近外国人的思维和生活习惯，难以满足不同国家、地域、环境的汉语学习者的不同需求。而国外的汉语教学和研究者对所在国的语言和文化非常熟悉，在探索非汉语环境下汉语教学与汉语学习的规律等方面有着先天的优势和得天独厚的条件。因此，可以优势互补，取长补短，采用中外合作编写教材的模式，使教材更能适合海内外汉语学习者的需求。比如，法国白乐桑教授和中国张朋朋教授合作编写的汉语教材《汉语语言文字启蒙》，就是中外合作编写教材的成功范例。该书 1990 年一问世，便为法国汉语教学界广泛接受，至今仍在法国汉语教学界具有不可撼动的地位，这为今后对外汉语教材的中外合作编写提供了思路。

（二）传播手段立体化、现代化

一个国家的影响力，不仅取决于其经济实力、文化底蕴和价值观念，还取决于该国是否具有先进的传播手段和强大的传播能力。就对外汉语传播而言，内容固然重要，但媒介的运用同样不可忽视。如果说，好的教学内容是好车，现代传播媒介则是能够让好车快跑的高速公路。大量的国际受众决定了对外汉语教材应该多选用各种现代化的传播手段和媒介。除了纸质媒介外，还应该借助网络及先进的数字娱乐平台。具体包括以下几个方面：

1. 编写适合远程网络教学的教材

互联网的普及更新了对外汉语教材的媒介载体，拉近了国与国之间的距离，改善了外国学生学习语言的条件。网络教学可以利用网上丰富的资源，运用各种文本、图形、图像、音频、视频及动画等多种媒体形式，还可以实现远程教育。因此，今后对外汉语教学工作者要充分利用网络、多媒体的传播平台，编写适合多媒体和远程网络教学使用的教材。2009 年，韩国的家庭宽带普及率达 96%，网络的普及为汉语学习提供了高速平台，数以万计的韩国汉语学习者开始通过网络学习汉语。在网络比较普及的北美高校，近年来汉语教学中的一个突出的现象也是网络技术的运用，如汉语学习网页、汉语学习软件在学习时开始被使用。一些学校网页经过多次改进，逐步打破了传统的教学方式，已经发展为实用价值很高的学习媒介。目前，我国对外汉语网络教材还很少，应该跟上这一现代传播趋势。

2. 利用数字娱乐平台

数字娱乐产业是在世界各地迅速发展的新兴产业，已经构成了基于数字技术的以动漫、卡通、网上游戏等为代表的文化产业链，成为衡量一个国家信息文化水平的重要标志。在我国，数字娱乐产业也得到了迅速的普及，对外汉语教学应该充分借助这一先进的数字娱乐平台，通过动画、广播、电视、网络、游戏，实现线上线下联动的教育娱乐服务，进行全方位、多渠道的传播。

例如，利用动画片教学就是一种有效的手段。动画作为一种视觉文化传播方式，显示出强大的吸引力。在全球化浪潮中，动画文化在世界范围内得以广泛传播，超越地域文化的局限，成为世界通用的语言。它在潜移默化中影响着人们的文化认同。作为跨文化传播媒介的对外汉语教材，也应该把动画片作为一个重要媒介。在韩国，动画片《大耳朵图图》《大头儿子和小头爸爸》《蜡笔小新》等都运用于汉语教学，受到了韩国学生的欢迎。动画片集文化效应和经济效应于一体，集民族性与国际性于一身，为受众熟悉和喜闻乐见，能有效激发学习者的学习兴趣，对其作用应予以进一步重视。

除了利用传统的动画片以外，可以编写、制作新型的适合在数字娱乐平台中传播的汉语教学片。如韩国的《魔法千字文》就改编自一部韩国小朋友学习汉字的教育漫画，其故事取材于中国古典神话名著《西游记》。这本《魔法千字文》还有音乐剧版、电视版、网游版以及大银幕电影版。一部汉字教学片借助娱乐互动、新媒体等现代传播技术发挥了巨大效果。2009 年 4 月 1 日起，一款综合汉字学习和游戏性质的新概念教育网游《汉字房》在韩国正式上线运营，这款教育网游的玩家通过线上线下联动进行汉字学习，在游戏过程中，玩家能反复听到和看到汉字，总共有两万六千人参加了测试，他们平均在 1 小时内能识得 13 个汉字，学习效果显著。韩国这两款汉字教学游戏的成功值得我们借鉴：第一，传播内容应注重与受众接受心理的对接，即充分研究受众的年龄、层次及学习目的；第二，传播媒介应注重传统媒体与新媒体，如数字技术、网络技术的相互结合；第三，汉语教材也可适当兼顾教育功能与娱乐功能，以取得更好的传播效果。

汉语学习的全球化对对外汉语教学提出了新要求，现代传播媒介的发展为对外汉语教学提供了新手段，对外汉语教材的编写应该与时俱进，以分门别类代替千篇一律，以技术进步带动教学进步。教材内容应充分考虑不同汉语学习者的需求，教材语言应易于为学习者理解和记忆，教学手段应立体化、多元化，这样才能达到良好的国际传播效果，才能真正让汉语这一富有魅力的语言走向世界。

第五章　跨文化背景下对外汉语教育教学能力培养

第一节　对外汉语文化教学与跨文化交际能力的培养

如今全球范围内的汉语热持续升温，越来越多的人选择学习汉语，然而有时即使掌握了一定程度的语言知识，在交际时仍避免不了交际障碍。这是因为学习者缺少对中国文化知识的认识。语言是文化的载体，文化教学是对外汉语教学的重要环节。本节将从文化教学入手，并以笔者在实际教学中遇到的部分跨文化交际障碍为例进行分析，帮助汉语教师正确认识文化教学的重要性，并利用文化教学帮助学习者扫清交际障碍，不断提高跨文化交际能力。

对外汉语学习者来自不同国家，有着不同的语言、不同的文化背景、不同的思维方式以及价值观，即使学习了一些语言知识，在交际时难免会遇到困难，其原因多源于缺少对中国文化的了解以及跨文化交际能力的不足。而对外汉语教学的目的是培养学习者用汉语进行交际的能力，因此要培养并提升学习者的跨文化交际能力，需要我们帮助其扫清交际障碍。文化教学有助于激发学习者的学习兴趣，同时帮助学习者正确对待文化差异，有效克服交际障碍，从而避免“文化休克”等现象。如此全方位的学习，才能提高汉语水平，真正地掌握这门语言。

一、课堂教学中的跨文化交际障碍案例及分析

汉语学习者来自世界各地，由于文化不同，在进行交际时必定会出现障碍。事实上，从教师进入教室的那一刻开始，跨文化交际就正式开始了。本节以笔者在实际教学中遇到的跨文化交际障碍为例，分析这些障碍并阐述其原因。

开学第一天，笔者在进行简短的自我介绍后，便开始了正常的授课环节，但是下课后发现有的学生称其为“老师 ×”而非“× 老师”。这是学生受母语文化影响，不了解目的语文化而产生的语用偏误，在这之后每次自我介绍时笔者都会说明中国的

名字是姓在前面。

在授课之前，受刻板印象影响，笔者认为留学生的课堂气氛应该是很活跃的，但真正进入课堂之后笔者发现并非如此。大部分韩国和日本的学生在课堂中多表现得沉默，欧美学生则较为活泼，喜欢回答问题，而且由于思维方式不同，他们经常会在上课时打断老师问问题。教师需要及时地调整授课方式，从而照顾到所有学生。

最初接触汉语教学时笔者由于经验不足，在提问时偶尔会遗忘某些学生，这时他们会提出异议，认为自己没有被老师关注，这是由于不同的价值观及思维方式的影响。从这一点中笔者总结出在授课过程中教师要关注到每一个学生，尽量做到提问时不错过每一个学生并且注意难易程度划分，要注意 i+1 的原则。

笔者在工作中遇到过较为严重的跨文化交际障碍是有学生投诉说老师打他的头了，其实老师仅仅是在教学过程中轻微碰了一下学生，但是学生认为这是不尊重自己。这是因为受到价值观和思维方式的影响，每个人对异文化的认同和接受程度不同，这也提醒教师在教学过程中除了要注意语言交际外，还应注意非语言交际行为，如体触行为等。

很多学生信奉穆斯林，猪对于他们来说是一个禁忌，在授课时，有学生问为什么中国人都喜欢吃猪肉，对于这个问题笔者很认真地跟他解释说，这是不同的文化形成的差异，而且也不是所有中国人都吃猪肉，这是个人对异文化认同和接受程度不同，可以不接受，但是应互相尊重。

二、文化教学中培养跨文化交际能力的策略

（一）从学生角度来看

留学生来华学习过程中，要面对新语言和异文化两种挑战。笔者认为在教学过程中应时刻进行文化教学并致力于培养学生的跨文化交际能力，帮助学生树立正确的跨文化交际观念，尽力避免交际中出现文化冲突。

1. 在教学中给学生营造一个跨文化交际的环境

语言环境意义重大，在目的环境中学习，更易掌握目的语。教师应避免使用英语等中介语，尽量使用汉语并用非语言行为辅助理解，同时在操练时对话的设置也要尽量符合汉语思维，形成比较真实的交际场景。还可以根据所学内容，给学生安排语言实践活动，让学生在真实的环境中学以致用。业余时间也可以安排一些学生感兴趣的汉文化体验活动，如包饺子、穿汉服等。

2. 调动学生学习中国文化的积极性

对外汉语教学的目的是培养学习者用汉语进行交际的能力，教师可以用不同的方

法引入文化教学，例如，在学生疲惫时讲解中国文化知识，同时可以播放视频，真听真感受，让学生更加深入地了解中国文化。

3. 培养学生用汉语思维进行跨文化交际的能力

在教学过程中教师应把中国文化和跨文化交际意识渗透在各个方面，虽然母语文化的影响是根深蒂固的，但学习者耳濡目染，可能会不自觉地用异国语言和思维方式等进行交际。

（二）从教师角度来看

1. 具备跨文化交际能力

首先，教师应学习丰富的跨文化交际知识，充分了解交际与文化以及不同的文化是如何影响交际的。其次，教师应具备跨文化交际的技能，要有灵敏的跨文化意识，才能正确地理解文化差异。最后，教师应建立正确的跨文化交际态度，建立一种包容、开放、尊重的文化态度，才能更好地从事对外汉语教学工作。

2. 具备跨文化交际的教学能力

除了具备跨文化交际能力以外，教师还需具备跨文化交际的教学能力。作为中华文化的传播者，汉语教师不能仅仅讲授汉语知识，还应了解学者的母语文化，将其同本族文化对比进行教学，并帮助学生培养跨文化交际能力，建立宽容、开放、尊重的态度，这有助于学生熟悉目的语。同时教师在安排课堂任务和教学活动时应时刻注意到学生的文化背景，根据学生的文化背景和语言水平选择合适的教学方法，让学生能够在舒适的环境中学习语言。

（三）注意文化教学应遵循的原则

1. 要有针对性，循序渐进进行教学

语言与文化的联系密切，文化教学要为语言教学服务，而不同阶段的学生对文化的需求也不同，教师要对症下药。例如，初级阶段，学生词汇量较小，此阶段的词汇教学可以从汉字方面引入文化教学，先调动学生学习汉语的兴趣和积极性，后期再慢慢渗入。中级阶段逐渐加入中华文化内容教学，例如“相声”一词，可以引入相声中的词语文化现象，如“登机”与“登基”。高级阶段则直接讲解文化内容，同时培养学生在交际中用汉语进行思考的能力。

2. 要有代表性，注意文化的时代性

汉语教学是培养学习者的语言交际能力，中华文化历史悠久，教师应教给学生最具代表性的词汇与文化。例如“吃饭了吗”？很久之前我们常常这样问候彼此，然而在现代社会，我们很少使用此类问候语了。

3. 要有适度性

语言教学始终是汉语教学中的主要方面，而文化教学是用来辅助语言教学的，在引入文化因素时要注意“度”，不能“顾此失彼”。

4. 交际实用性

学生学习汉语的目的是能够用汉语和中国人交流，文化因素的引入要与学生日常对话相结合，例如，可以告诉学生见到老师要说“您好”，而不是“你好”。讲解其文化内涵。

“一带一路”倡议的提出为汉语的国际传播带来了新的机遇，同时也赋予了汉语国际传播新的使命。随着我国综合国力的提高以及“一带一路”倡议的实施，越来越多的外国人来中国学习汉语，想进一步了解中国文化。要实现“一带一路”倡议，需要语言铺路搭桥，汉语教师作为语言知识的讲授者与中华文化的传播者，应该及时抓住这一难得的机会，搭上时代的“顺风车”，在讲授语言知识的同时传播优秀的中华民族文化，与此同时注意到文化教学的重要价值，以此帮助学习者扫清跨文化交际障碍，从而培养其跨文化交际能力。

第二节　跨文化交际之对外汉语教师文化移情能力的培养

文化移情能力是有效进行跨文化交际的保证，能培养交际者自身良好的跨文化交际意识。作为对外汉语教师，具备良好的跨文化交际意识是必备的职业素养之一，文化移情能力则可以促进其实现良好的跨文化交际，提高文化敏感度和跨文化交际能力。培养对外汉语教师的文化移情能力，对其适应海外教学环境、更好地进行文化教学、加强与学生的交流沟通有不可替代的重要作用。

作为汉语教师，跨文化交际情景始终存在于教学的始终，若不能处理好跨文化交际问题势必会影响正常的教学秩序与教学现状。文化敏感度与文化移情能力则显得日益重要，特别是在人类交流日益密切的今天，能形成尊重理解包容各种文化的能力已渐渐成为每一位世界新青年的基本素养，要想实现有效的跨文化交际，达成交际目标，文化移情能力不可或缺。

一、文化移情理论概述

所谓文化移情，就是在跨文化交际中，交际主体自觉地转换文化立场，在跨文化交际中有意识地超越本土文化的框架模式，摆脱自身原有文化的传统积淀和约束，将自己置于另一种文化模式中，在主动的对话和平等的欣赏中达到如实地感受、领悟和理解另一种文化的目的。

二、文化移情所遵循的原则

（一）适度性原则

文化移情的适度性原则是由文化的特点与跨文化交际的性质所决定的。世界上的各种文化虽然具有民族性、动态性等特点，但在起源与总体特点及本质上具有统一性。同样，跨文化交际是交际双方的互动与实践，文化的多样性是其交际的基础，寻找文化甚至人类的共同特征与同一性则是跨文化交际顺利开展的目的与归宿。若在跨文化交际中过度移情或移情不及都会使跨文化交际出现失衡，当偏向他者文化或对自身文化认同度降低时，跨文化交际则无法顺利成功地开展。不管是他者文化还是自身文化，两者都是世界文化的重要组成部分，所谓存在即合理，盲目质疑或者隐藏对其的认同感与自信感则无法达到真正的跨文化交际。

（二）时代性原则

文化具有动态性，历史上每个时期的文化都有不同的特点与特殊的内涵。作为跨文化交际的双方，尊重彼此的历史与现实是文化移情的前提。充分了解历史与当前国际形势，不偏激、不妄论、不指责、不蔑视是文化移情的基本素养。不同时代中的不同文化会不断发展变化，过去不代表现在，现在也不意味着背叛过去。文化移情只有坚持时代性原则，交际双方才能从根本上放开眼界，开阔视野，实现真诚有效的交际。

（三）渐进性原则

文化移情是一个循序渐进、不断深入的过程，这个过程是对他国文化从了解到尊重再到理解的过程。这个过程无法一蹴而就，更不可能绕开其中任何一个步骤直接实现文化移情的目标，成功实现跨文化交际。要想成功实现文化移情，必须对他国文化有深入而细致的了解，尊重每一个交际个体的特殊性，不用传统观点与理论去评价与判断每一个个体，只有在不断了解他国文化与交际个体的过程中逐步实现文化移情，才能从根本上实现更成功的跨文化交际。

三、对外汉语教师文化移情能力的培养

跨文化交际能力与文化移情能力是对外汉语教师需要具备的重要素养之一，体会并理解文化的多样性，尊重每一个个体与每一种存在的文化主体，以开阔的视野、平等的观点进行跨文化交际是对外汉语教师进行汉语教学与对外交流沟通的必备素养。尤其在海外汉语教学中，每一个汉语教师都必须尊重并接受他国文化，这样才能适应他国生活模式，了解他国历史与现在，从而更好地、顺利地进行汉语教学。无论是在

学生阶段还是在教学阶段，文化移情能力的培养对每一个汉语教师都是必不可少的。

（一）学习理论知识，观看影视资料，培养文化敏感性

理论来源于实践却高于实践，任何一种技能的习得与能力的提升都离不开理论对实践的指导。跨文化交际及文化移情理论现今已变得丰富多彩，理论基础也深厚扎实，胡文仲、吴为善、贾玉新、高永晨等学者教授丰富了理论体系。通过对这些学者的理论知识的学习，对外汉语教师能增加知识储备，建立相应的理论框架。学习理论的同时，也要结合当代国际形势，不断增加新的知识储备，接触新的价值观念与不同的看法甚至思维模式，从而具备全面深刻、独到的眼光与视角。

随着多媒体技术的发展和影视技术的进步，现阶段不断涌现了一批又一批优秀的跨文化交际主题的优秀影视作品。这些影视作品取材于真实的跨文化交际实践中的典型事件，观看这些影视作品可以使学习者拥有第三者的角度，从中运用理论分析解读这些作品，从而升华理论，进而认识与了解每个交际的鲜活个体。理论知识与影视作品的学习归根结底是为了培养汉语教师的文化敏感性，只有具备了文化敏感性，对不同文化与价值观有真实全方位的了解以后才能认识到世界之大，从而形成开阔的视角，逐步树立宽容、开放、积极的文化价值观。

（二）积极进行跨文化交际实践，丰富交际经验

实践是检验真理的唯一标准，只有在实践中才能真正提高文化移情能力。跨文化交际的实践是提高文化移情能力的有效途径。只有经常进行跨文化交际实践，才能加深对世界是多元的、文化是多样性的事实的理解，消除民族文化中心主义的偏见；才能有效地进行换位思维，从而深入交际客体的心扉，对客体的目的、需求和价值观有更加敏锐的察觉，使自己的语言交际和非语言交际所传达的信息能被对方愉快地接受，消除偏见和思维定式等妨碍双向沟通的不正常心理，使跨文化交际以主体与客体友好合作为基础，步入建立亲密无间的良好关系的崭新阶段。

（三）尊重每个个体，注重文化对比与案例分析

我们常说中国人好客；美国人富有、慷慨；黑人擅长音乐、舞蹈和体育运动；犹太人富有、聪明；德国人呆板僵硬；日本人雄心勃勃；爱尔兰人酗酒；非洲人懒惰、随遇而安。这些都属于过于一般化、简单化的定式范畴。它们之中有的真实，有的可能是谬误，有的部分真实。定式把人们对人类的活动或跨文化交际活动的认识，只局限在一个或两个层面上，并把其受到局限的认识当作人类活动的全部。因而定式在跨文化交际中也严重地阻碍着文化移情。

在实际交往与跨文化交际中，任何一个交际主体都是一个值得尊重与真诚了解的主体，他们虽然有各自的文化背景与文化观念，但他们首先是不一样的个体，其次才

属于某个文化群体。所以，充分尊重每个独立的个体是实现文化移情，最终实现成功的跨文化交际的极其重要的一点。

注重文化对比与案例分析也是从实践总结中归纳理论知识，从而丰富自身的跨文化交际经验，积极进行文化移情，提高汉语教师对世界文化和交际个体的认识。不论从理论层面还是实践层面，文化对比与案例分析都能帮助汉语教师树立更全面更理智的世界观与文化价值观，尊重每个个体，最终实现文化移情。

对外汉语教师需要树立终身学习观念，不断更新自身的知识储备，不断进行跨文化交际理论知识的学习，持续关注当代国际形势，对他国文化及风俗保持好奇并尊重他国历史文化传统，在面对每个个体时要尊重其独特性，尽量不以刻板印象衡量对方并简单粗暴地决定与之相互交流的模式。文化移情能力的培养任重道远，但贯穿每一个对外汉语教师职业生涯的始终。时间上的持续性与空间上的跨越性都影响着文化移情能力的培养，但是尊重理解是一切的前提与基础。只有尊重才有文化移情的开始，只有理解才有文化移情的进行。但是文化移情没有终点，对每个个体与他国文化的理解没有终点，同时，对本国文化、本族文化的认识与了解也没有终点。只有培养自身的文化移情能力，才能在跨文化交际中不断提升自身素养，对世界的认识才能更深刻、更全面。

第三节　军校对外汉语教员跨文化交际能力的培养

军校对外汉语教学是公共外交活动的特殊途径。对外汉语教员的跨文化交际能力关系到这一公共外交活动是否有效。本节在说明军校对外汉语教员与跨文化交际能力的关系的基础上，进一步提出了提高军校对外汉语教员跨文化交际能力的方法。

众所周知，对外军事培训是我国国家战略的组成部分，在传播中国文化、塑造我国安全战略环境、维护我国根本利益、促进我国和平发展、推动和谐世界建设方面发挥着重要作用。而军校对外汉语培训，是我国对外军事培训组训模式的一次重大改革，是公共外交的新途径。军校对外汉语教员在此培训任务中担任着语言教学和文化传播的双重任务。如何做好公共外交的“使者”，减少他国对中国和中国军队的误解，增信释疑，展示中国军队的良好形象，是我们亟待解决的问题。

跨文化交际指的是来自不同文化背景的人之间的交际，需要处理的是交际与文化之间的关系，解决的是跨文化语境中的问题。简单理解为不同文化背景的人在一起分享、交流思想、感情、观点和信息时所发生的一切。跨文化交际重点突出“文化”不同，而这种不同是通过不同地域、不同种族、不同国别的人在教育背景、生长环境、风俗习惯、思想观念、交际规则、思维方式等多方面的差异上体现出来的。在不了解对方“文化”的情况下进行“跨文化”交际，会引起交际焦虑、交际失误甚至交际误会。比如：刚来中国的外军学员，在语言不通、气候有别、饮食习惯不同的陌生环境下会产生焦虑心理。如果不及时进行中国文化输入，让外军学员尽早认同、理解中国文化，会产生长久的心理障碍：不出门、不与中国人交流，把自己封闭在一个狭小的空间里。再如，西方人的姓名排列跟我们刚好相反，前面是名字后面是姓氏。如果不知道这个差别，则可能造成误解。可见，在对外汉语教学中，如果没有很好地进行文化融合与交流，就不能顺利进行交际，失去语言教学的意义。

一、军校对外汉语教员与跨文化交际能力

军校对外汉语教员的特殊属性。军校对外汉语教学有别于地方汉语教学，主要体现在教学对象、教学背景、教学目标及教学任务的特殊性上。军校的外军学员来自不同的非发达国家，所在军队对指挥军官的科技素质要求相对偏低，他们的军事背景、编制体制、文化习俗、语言习惯都有诸多不同，母语背景比较复杂，受教育程度参差不齐。通过一年的汉语语言培训，进入大学本科的学习，与中国军校的学员同吃同住。军事院校的对外汉语培训是“服务大局、厚植资源”的军事交流背景下的产物，这就意味着军校对外汉语教员不仅承担着教授汉语的任务，而且承担着推广中国文化、中国军队文化的责任。从某种意义上说，对外汉语教员既是语言的讲授者，又是中国文化传播的使者和中国军队外交的“发言人”。所以对外汉语教员必须树立全球视野，在外军学员面前讲好“中国故事”“中国军队故事”，向世界说明中国。

军校的对外汉语教学本身就是一种跨文化交际的过程，一种公共外交活动，最终目的是提升中国军队形象和中国软实力。而跨文化交际能力侧重于处理文化差异的能力，主要涵盖语言能力、表达能力、沟通能力、环境适应能力、跨文化融合能力、自我调控能力等方面。这就要求军校对外汉语教员不断完善自我，具备多种能力，在教学过程中注重跨文化交际技巧、提升跨文化交际能力。

二、如何提高军校对外汉语教员的跨文化意识

要有成熟的政治思想、明确的处事立场，要牢固军校对外汉语教员“热爱人民军队、献身军队教育事业”的思想，树立军魂意识。深刻意识到军校对外汉语教员不仅是外军学员知识的传授者，更是学员思想品德的引导者和中国文化、中国军队文化的传播者。在西方媒体对中国报道出现歪曲时，必须有清楚的头脑、正确的判断，始终与党中央保持一致的外宣口径。在平时的工作中，时刻注意自己的言行举止、着装打扮，自己的形象在某方面代表了中国人、中国军人的形象。在外军学员中树立良好的行为规范，展示大国军校教员风采。

要有“内知国情，外知世界”的基本功，军校中的对外汉语教学，可以看作我国公共外交、军事外交的新途径。而公共外交重点着眼于文化的力量，力图在跨文化对话中增进彼此间的了解和认同。也就是说“文化”输入在公共外交中起到了一个桥梁的作用。我们都知道，语言是文化的载体和媒介，文化影响和制约着语言交际。语言教学不可脱离文化教学，文化教学也时时刻刻贯穿于语言教学之中。“不同国家、不同民族之间的文化对话是人本性的对话。有了文化沟通的基础，政治、经济和军事等其他领域的实务性对话也会稍微容易些。”这就要求军校对外汉语教员不仅要具备基本的专业知识和专业技能，而且对其他领域都要有一定的了解，天文地理、风土人情都要涉列。比如：讲到“茶”的时候，外军学员会问及茶的种类及功效。教员可以在留学生感兴趣的基础上延伸出“茶文化”“茶的历史”，还可以说一说世界三大饮料的故事。此外要大量储备国内外的相关军事用语、军事知识。在教学过程中，有意使用军事用语，举例时，穿插军事语言，突出军事文化教学特色。加强对中外文化差异的研究，特别是对文化习俗禁忌的研究。

要不断加强跨文化意识的培养，军校对外汉语教员必须具备敏锐的跨文化交际意识。不仅自己要具备跨文化的意识，同时还要引导学生跨文化意识的养成。首先对外汉语教员的跨文化意识的养成有助于其在不同文化背景的外军学员中更好地开展教学工作，外国学员是一个特殊的群体，其文化与我国固有的传统文化存在很大差异，教员跨文化意识的加强，能极大地促进与外军学员的沟通和良性互动，在了解中国文化、中国军队文化的同时，使教学效果事半功倍。其次，对于外军学员本身来说，他们之间有着不同的文化背景，加强对外军学员的跨文化意识的培养会使他们更好更快地融入大家庭中，也能更好地培养外军学员之间的同学情谊，不断提升中国、中国军队在他国的形象。

要有优化国家的国际舆论环境的能力，对外汉语教员，特别是在军校中的对外汉语教员在对外汉语教学过程中，不可避免会被留学生问及这样或那样的关于中国的经济、政治、军事、发展状况等方面的问题。这就要求对外汉语教员要重视国家的现况，主动说明中国在发展中存在的问题，懂得舆论导向的作用。当外军学员学成后，我们更多的是希望两国之间建立友谊，因此在许多可能存在误解的问题上，教员应该积极主动地对我国的国情、发展中的困难，以及中国在一些问题上的立场等，向外军学员做解释说明。特别是针对政治敏感问题，如人权问题、西藏问题、台湾问题、宗教问题等，在进行解答时要讲究逻辑、方法，做到不卑不亢、有礼有节。这有助于使外军学员更好地了解一个真实的中国。增进了解是互信的基础，只有充分互信才能让外军学员对我们的文化风俗有更多的兴趣，来中国学习。这些外军学员将来也必将在国际舆论中发表对中国的见解，赢得一个外军学员跨文化意识的认同，就等于为中国软实力的提升又加上了一分。

军队院校的对外汉语培训是实现国家对外战略和维护战略意义的重要手段。语言教学在外训教学中的地位举足轻重，要让外军学员了解中国国情，最有效、最根本的方法就是进行语言技能训练，让外军学员感受汉语语言本身、汉字本身的魅力，不断加深对中国和中国军队的了解。而军队对外汉语教员在培训任务中身担多重角色：汉语语言的传授者、中国文化的讲授人、增信释疑的外交家。只有不断提高军校对外汉语教员的跨文化交际能力，培养交际意识，其才能出色完成多角色的“演绎”，在向世人展示中国、中国军队日益强大的同时，不断提升中国软实力。

第四节　间性文化观视角下对外汉语教师话语的跨文化意识培养

文化间性的价值在于异质性和对话性。对外汉语课堂教学正是基于跨文化的背景下，基于中外在语言、文化、习惯、思维方式、生活经历、教育背景、价值观念等诸多方面的差异之下的跨文化教学，教师话语必须具备跨文化意识，以促成不同文化之间的沟通和交流，达到语言文化教学的目的。

一般来说，教师的话语能力也称为教学语言能力，是教师课堂教学能力中的核心能力。对外汉语教学中，教师话语是教师组织教学的重要工具，教师在教学中，提问、评价、解释、组织教学所涉及的语言都属于教师话语的范畴。而对外汉语教师的话语除了在语速、词汇、语法上具有受限性之外，较之一般教师话语又具有诸多特殊性，具备跨文化教学意识就是其中非常重要的一点。跨文化意识是每一个从事国际汉语教学与中国文化传播的教师应该具备的基本素质，因此对外汉语教师的话语必须具有跨文化意识，这是由语言教学国际化的大背景决定的，也是由复杂的汉语国际传播环境和教学对象的国际化特点决定的。所谓教师话语跨文化意识，可以简单地理解为教师面对具有不同文化背景的学习者，在教育教学过程中所运用的一种特定思维。它需要在价值观、人生观、世界观、语言符号及思维模式、非语言行为规则、时空观念、礼仪习俗语等诸多方面打破在相同文化背景下从事教学的思维定式，使其在主观上能够对异质文化获得正确的反应和理解，以保障在跨文化的教学与交流中实现思想感情的沟通，并保证汉语言文化教学的顺利实施和中国文化的深层推广。

一、间性文化观与教师话语跨文化意识的关系

“间性”这一术语来自生物学，指的是某些雌雄异体生物兼有两性特征的现象。“间性”一词目前也被人文社会科学工作者所使用，指的则是一般意义上的关系或联

系。在全球化语境研究中，“文化间性”这一术语被众多理论家广泛征用。一般认为文化间性是指文化之间的相互关系，指一种文化与他者际遇时交互作用、交互影响的内在关联。文化间性的价值在于异质性和对话性。它以承认差异、尊重他者为前提条件，致力于不同文化之间的相互理解、相互尊重、相互宽容。对话的目的在于沟通，沟通是为了达成共识，是双方通过对话所达成的愿望的实现。

教师话语贯穿课堂教学的始终，是课堂教学内容的载体，正是通过教学话语，教师才能完成语言知识、文化内容、价值理念的导入，为学生提供沉浸式的语言与文化习得环境，让学生随时汲取教师话语中的知识、方法、思想的营养，从而获得得体使用汉语进行交际的能力。文化差异是教育教学问题产生的重要根源之一，对外汉语课堂教学正是基于跨文化的背景下，基于中外语言、文化、习惯、思维方式、生活经历、教育背景、价值观念等诸多方面的差异之下的跨文化教学，因此，对外汉语教师的话语必须具备跨文化意识，从而顺利完成不同文化之间的沟通和交流，达到语言文化教学的目的。

二、间性文化观下教师话语中教育教学观念的转变

吕国光认为教师的观念是教师在教学情境与教学历程中，对教学工作、教师角色、课程、学生、学习等相关因素所持有的观点，涵盖教师的教学实践经验与生活经验，它们构成了一个互相关联的系统，从而指引着教师的思考与行为。在跨文化的背景下，对外汉语教师对学习者和学习的看法，教师对教学性质和目的所持有的信念，教师对自己在教学中扮演的角色的信念，以及在全部教育教学过程中，不断修正、调整、更新旧有的、固有的、不合时宜的理解和认识，都至关重要。一方面，对外汉语教学对象来自世界各地，有着不同国家、不同民族、不同年龄、不同性别、不同的身世经历，因此，对外汉语教学领域是一个特殊的文化交流场所，跨文化冲突无处不在，特别是思维观念差异很大，跨文化意识须无时不在；另一方面，所有的教育教学观念都应为提高对外汉语教育教学质量服务，都应是为帮助学习者实现汉语言文化知识的学习、提高跨文化交际能力、顺利完成跨文化适应而服务的。如此，在间性文化观指导下，了解中国和世界文化知识及其异同，具备多元文化意识，使教师的教育教学观念向“趋优存异、和而不同”的方向转变成为提高教育教学质量的关键。

基于环境和社会文化身份背景，对外汉语教育教学中存在的跨文化障碍主要表现在语言与文化差异、思维方式与价值观差异、教育观念差异等方面。从教师的角度讲，要培养教师话语的跨文化意识必须转变教师固有的一些思维观念，从而使教师能够拥有理解、尊重、宽容的态度，能够自然采取对话和沟通的教育方式，使教育手段充满人性的关怀。转变教育教学观念，培养教师话语的跨文化意识可从以下几个方面入手。

（一）重新定位教师的角色

对外汉语教师不仅要有“传道授业解惑”的角色定位，更要以学生为本使自己成为引领者、组织者和促进者。对外汉语教师应传承中国文化中的优良作风和传统，有意识地让学生了解中国传统的“尊师重教”理念，使学生做到对教师最基本的尊敬，维护中华传统教育的尊严。同时，教师应树立学习的平等心态，毕竟，学生拥有完全不同于中国的文化背景，学生身上的异文化元素也是教师要学习和了解的。而且，学生对现代的事物更敏感，学习新知识的能力更强。敢于承认自己的不足，善于向学生学习，是现代教育管理者的必修课。因此，学生对教师的尊重，不一定来自教师身份，也不一定来自教师的知识，更多来自师生之间的关系。

“努力学习是必备的优良品质”对于来自世界各地的留学生来说也是一种普遍接受的观念，但是对待学习过程和学习结果的看法，中国教师的观念是需要有一些改变的。中国教育以“金榜题名”为荣，重结果不重过程，讲求的是成绩，以分数论英雄，考试分数高就是成功。然而过程导向的努力比结果导向的努力会带来更多意想不到的收获。在学习者学习汉语的过程中，最需要的是能让他们找到自信。教师对他们学习过程和生活的关注往往会带给他们更强的学习动力，会帮助他们克服学习上的畏难情绪，会使他们心理上获得温暖的良性暗示。关注留学生学习过程中的努力，可以在走廊墙壁上或者在实验室、活动室里张贴、陈列学生的作品、作业，而不是名次表、分数表或获奖喜讯。

（二）改变评价学生的方式

由于文化背景的差异，外国学习者表现在学习上的特点与中国学生有很大不同。中国教师常常喜欢事先给学生做出细致烦琐的各种规定，该学什么、学多少、什么时候学、该怎么学等。但是外国学习者一般学得主动、灵活、高兴，他们认为学习是自己的事，应该让自己去想，想学什么东西。没有人能比一个充满好奇心的学生更努力。正因为如此，测评方式不应再局限于把学生按正态分布划分为三六九等，而是应将课堂讨论、口头报告、视频制作、课外探索（旅游日记等）、论文发表、项目设计、读书报告、校外考察、社会经历、校园活动、校园劳动等过程性表现结合在一起，给出客观的评价。举办一些“创新书写作品展”或“汉语风采汇报演出”等活动，让学习者将自己实实在在的努力、付出和对学习的享受呈现出来，更能说明学习的意义。

三、间性文化观对留学生语言学习和文化融入的影响

间性文化观指导下的教育教学活动，师生往往都会刻意模糊文化差异，隐去两者文化中最容易导致冲突的主体文化，保存两者文化中比较平淡和微不足道的部分，使

得不同文化背景的人均可在同一环境中和睦共处，即使发生意见分歧，也容易通过双方的努力得到协调。在间性文化观的指导下，转变教育教学观念，会帮助学生对所处环境的文化进行有效的整合，促进不同的文化相互了解、适应、融合，从而在教师和学生之间构建一种新型的交流文化，教师话语的表达会令学生更容易接受。以这种新型教师话语模式作为外国学习者教育教学的基础，教师更容易帮助来自不同文化背景的学习者更好更快地适应中国的学习、生活环境，也大大增强了其跨文化交际能力，实现了汉语言文化学习的目的。

对外汉语教育教学中教师话语的关注点，理应放在教育教学对学习者未来的影响上，应从脚下、眼前、每一天看向他们的明天、未来、无限远。这也是对外汉语教育教学中教师话语的特殊意义所在。

参考文献

[1] 张西平．汉语作为第二语言教学史研究 [M]．北京：商务印书馆，2019.

[2] 宋雨涵．对外汉语教学理论研究 [M]．北京：北京工业大学出版社，2018.

[3] 郑承军．汉语国际教育背景下对外汉语师资核心素质研究 [M]．北京：北京语言大学出版社，2011.

[4] 翟汛．汉语和汉语教学研究 [M]．武汉：武汉大学出版社，2010.

[5] 邢欣．语篇衔接与对外汉语教学 [M]．北京：世界图书出版公司，2011.

[6] 罗艺雪，徐亮，李月炯．面向对外汉语教学的称谓语研究 [M]．成都：四川大学出版社，2018.

[7] 吕必松．对外汉语教学发展史：上编 [M]．北京：北京语言大学出版社，2017.

[8] 吕必松．语言教育与对外汉语教学 [M]．北京：外语教学与研究出版社，2005.

[9] 孙德金．对外汉语教学课程论 [M]．北京：商务印书馆，2014.

[10] 周国鹃，李迅．对外汉语课堂教学设计与技能 [M]．苏州：苏州大学出版社，2015.

[11] 张旺熹．对外汉语本体教学概论 [M]．北京：商务印书馆，2013.

[12] 李云霞．对外汉语口语课堂话语互动研究 [M]．长春：吉林大学出版社，2019.

[13] 娄秀荣．对外汉语词汇教程 [M]．延吉：延边大学出版社，2018.

[14] 杨恬，郭莉莎，郑颖琦，等．跨文化适应与对外汉语教学研究 [M]．成都：四川大学出版社，2015.

[15] 赵娟．对外汉语教学传播路径与跨文化交际模式探究 [M]．北京：中国水利水电出版社，2019.

[16] 李晓琪．对外汉语文化教学研究 [M]．北京：商务印书馆，2006.

结束语

跨文化交际，不仅对我们的生活有影响，最关键的是，跨文化交际也对我们的对外汉语教学有深刻影响。首先，对外汉语教学的教学目标一直就是“培养汉语学习者的跨文化交际能力”。这个教学目标也决定了汉语教师在进行语言教学的基础上，更要进行文化教学。“语言”“文化”不分家。学语言更要了解汉语背后的中华文化，只有这样，学习者才能运用所学语言进行恰当、得体的跨文化交际。其次，对于对外汉语教师来说，正确、得体的跨文化交际对于对外汉语教学来说意义重大。只有正确、得体的跨文化交际，才能保证教学的顺利进行，才能保证对外汉语教学的成功。

首先，从学习者的角度来讲，我们在进行语言教学的同时，也要进行文化教学，不仅要使学生掌握正确的语言知识，更要使学生了解中华文化，这样，才能保证学生可以顺利地进行跨文化交际。而跨文化交际的顺利进行也会大大提高学生的学习积极性和信心，进一步促进对外汉语教学的顺利开展。笔者在教学中，曾经碰到过一个跨文化交际的失败案例。一个来自英国的汉语学生，在英国学习过两年的汉语，汉语处于高一水平，能够运用汉语进行基本的对话交流，对于较难的汉语语法也能够正确、熟练地运用，汉语语言本体知识掌握得比较好，但是由于他是在英国进行的汉语学习，对于中华文化掌握得较少，这也导致了他后来跨文化交际的失败。比如：他来到中国后，只掌握了“你好”这一种打招呼的方法。但是中国人在打招呼的时候，有时候可以直接叫名字进行问候。比如我们走在路上，看到张三，有时候会直接叫他的名字“张三”来进行问候，但这个学生刚来中国的时候并不知道这种打招呼的方式，每次别人叫他的名字进行问候，他都会以为是叫他有事。每次他都会觉得有点儿尴尬。另外，中国还有一种特殊的打招呼方式：“你吃了吗？”许多外国留学生并不知道这一点，当别人问他们的时候，他们不知道这是在打招呼，会以为这是想请他们吃饭，有的时候，就会造成误会，导致跨文化交际的失败。而跨文化交际的失败，有时候会影响学生的学习积极性，从而可能会导致对外汉语教学的失败。所以，这充分证明了文化教学的重要性。为了跨文化交际的顺利进行，我们不仅要进行语言教学，更要进行文化教学。只有双管齐下，才能保证跨文化交际的顺利进行，进而保证对外汉语教学的成功。

其次，从教师角度来讲，跨文化交际的成功与否，也对对外汉语教学有着深刻影响。许多国家汉办的公派教师或者汉语志愿者在出国任教之前，都会接受系统的培训，其中跨文化交际的培训是其中的重要组成部分。尽管出国之前会进行培训，但是在到达任教国之后，在日常生活以及教学中，仍然会碰到各种各样的跨文化交际问题。而跨文化交际一旦失败，不仅会对日常生活产生影响，更会对对外汉语教学产生影响。曾经有这样一个案例：一位汉语教师来到美国任教，有一次他去参加上司的婚礼，出于中国人的礼貌，也为了表达对上司的敬意，他给上司准备了很有中国特色也很贵重的结婚礼物，并且准备了红包。这在中国人看来，只是想表达自己的尊重，但是，美国上司很不高兴，认为这位汉语教师是在贿赂自己，他退还了礼物和红包，这件事让中国教师很尴尬。在这个案例中，这位汉语教师没有做好跨文化交际的准备，没有事先了解到不同文化背景下，送礼方式也不同，最终导致跨文化交际失败。而这也会对他接下来在任教国进行对外汉语教学产生影响。不仅在国外的对外汉语教学会碰到跨文化交际的问题，在国内进行的对外汉语教学同样会碰到跨文化交际的问题，甚至更加严重。在国外任教，班级里都是同一个国家、同一种文化背景的学生。但是在国内，留学生来自世界各地、五湖四海，文化背景各不相同。所以，要对各个国家的文化都有所了解，才能保证跨文化交际的顺利进行，保证对外汉语教学的顺利进行。比如：在进行口语教学时，美国学生就比较外向、健谈，也非常爱开玩笑；而一些亚洲国家的学生恰恰相反，比较内向，认为上课学习是一件很严肃的事情，不能开玩笑。这时候，就需要教师在上课的时候把握好度，上课过程既不能过于死板使美国学生觉得无聊，也不能过于活跃使亚洲学生觉得吵闹、尴尬。如果没有把握好度，很可能会使美国学生觉得无聊或者使亚洲学生觉得尴尬吵闹，打击学生学习语言的积极性，最终导致对外汉语教学的失败。